Abeilles et vers de terre

Text by Florence Thinard and Illustration by Benjamin Flouw

ⓒ Gallimard Jeunesse, 2020

Korean Language Edition ⓒ The Forest Book Publishing Co., 2022

이 책의 한국어판 저작권은 시빌에이전시를 통한 저작권사와의 독점 계약으로 도서출판 더숲에 있습니다.
저작권법에 의하여 한국 내에서 보호를 받는 저작물이므로 무단전재와 무단복제를 금합니다.

지은이 플로랑스 티나르
프랑스의 작은 항구 도시 로양에서 태어나 어린 시절을 바닷가에서 보내며 모험 이야기에 푹 빠져 지냈어요. 파리에서 대학을 마친 뒤 세상을 좀 더 가까이에서 발견하기로 결심하고 여러 나라로 여행을 다녔답니다. 여행에서 돌아온 그녀는 기자가 되었고 어린이 신문의 편집장을 지내기도 했죠. 유쾌한 상상이 어우러진 세상을 그려 낸 아동 문학 작품을 여러 편 발표하여 프랑스의 아동 문학상을 여러 차례 수상했어요. 지금은 프랑스 툴루즈에서 생명에 많은 관심을 기울이며 살아가고 있어요.

그린이 뱅자맹 플루
프랑스 마르세유 출신 화가예요. 어릴 때부터 텔레비전 다큐멘터리를 즐겨 보았고 어른이 되어서는 식물에 관한 책을 좋아하다 보니 환경 문제에 두루 관심을 갖게 되었답니다. 그는 세상을 동물과 식물, 멋진 자연 그림들로 가득 메워 놓고 싶어 해요. 먼 훗날 이런 것들이 사라질 때를 대비해서 말이에요. 그리고 광고와 잡지 삽화, 책, 포스터 작업을 하고 있어요.

더숲 STEAM 시리즈
이제 4차 산업혁명 시대의 필수 교육 STEAM의 시대입니다. STEAM은 과학(Science), 기술(Technology), 공학(Engineering), 인문·예술(Arts), 수학(Mathematics)을 뜻하는 용어로, 과학 기술 분야인 STEM에 인문학적 소양과 예술적 감성을 고려하여 인문·예술(Arts)을 추가한 융합 인재 교육입니다. 과학 기술 분야의 융합적 사고력과 실생활 문제 해결력을 키워 주는 새로운 형태의 교육으로, 미래 사회를 살아가는 데 필요한 핵심 역량을 길러 줍니다.
전 세계 주요 국가들은 과학 기술 분야의 우수 인재를 키우기 위한 교육을 실시하고 있습니다. 더숲STEAM 시리즈는 이러한 시대적 흐름과 새로운 교육법에 발맞춥니다. STEAM 교육 전 영역에 대한 학생들의 흥미와 이해를 높이고, 과학 기술 분야의 기초 역량을 탄탄히 다져 줄 가장 핵심적이고 필수적인 내용을 쉽고 재미있는 방식으로 제공합니다. 더숲STEAM 시리즈는 활짝 열린 4차 산업혁명 시대를 우리 아이들과 함께 준비합니다.

지구 환경을 지키고
모든 생명을 이어 주는
숨은 두 영웅 이야기

꿀벌과 지렁이는 대단해

플로랑스 티나르 지음 | 뱅자맹 플루 그림 | 이선민 옮김 | 권오길 감수

더숲 STEAM

이 책의 부제는 재미나게도 '지구 환경을 지키고 모든 생명을 이어 주는 숨은 두 영웅 이야기'입니다. 이 책의 내용은 물론이고 꿀벌과 지렁이에게 꼭 어울리는 말입니다. 꿀벌과 지렁이는 생김새도 사는 곳도 완전히 다르고 이동하는 방법 또한 딴판인데 어떻게 짝꿍을 이루게 되었을까요?
이 둘의 가장 큰 공통점은 우리의 먹을거리 중 많은 것을 제공해 준다는 점입니다.

꿀벌은 꽃식물(종자식물)을 꽃가루받이합니다. 그 덕분에 우리는 맛있는 과일과 곡식을 먹을 수 있습니다. 지렁이들은 부지런히 썩은 낙엽을 먹어 치워 소화한 다음 똥을 거름으로 만듭니다. 그리고 지렁이들이 판 땅굴을 통해 공기가 들어와 과일나무와 채소, 곡식의 뿌리는 숨을 쉬고 땅속 깊이 내려가 물과 양분을 얻습니다. 그래서 지렁이가 득실거리는 곳이 농사가 잘되는 좋은 땅이랍니다. 우리는 징그럽다고 말하지만요.

꿀벌과 지렁이가 지구에서 사라지는 것을 걱정하는 까닭이 바로 여기에 있습니다. 꿀벌과 지렁이가 정말로 지구에서 사라지면 어떤 일이 일어날까요? 생각만 해도 끔찍합니다. 어쩌면 우리도 따라서 굶어 죽어야 할지도 모릅니다.

이 책은 두 동물을 여러모로 깊고 상세하게, 또 구석구석 파고듭니다. 두 영웅의 중요한 역할만 이야기하는 게 아니라 몸의 구조, 사계절 동안 하는 일 등을 요모조모 아름다운 그림과 함께 알려 줍니다. 그래서 책을 읽다 보면 저절로 꿀벌과 지렁이에 대해 많은 것을 알게 되고 이들이 소중하다는 사실을 이해하게 됩니다.

한 예로 꿀벌의 집 만들기를 볼까요? 재료가 적게 들면서도 매우 단단한 육각형 모양의 벌집은 예사로운 것이 아니랍니다. 우리가 사용하는 연필이나 볼펜은 육각형으로 되어 있습니다. 분명 우리는 재료를 아끼면서도 가장 단단한 육각형의 특징을 벌에게서 배웠을 겁니다. '과학은 자연을 모방한 것'이라는 말처럼요.

오스트리아 동물학자 카를 폰 프리슈는 꿀벌의 의사소통 수단인 8자 댄스를 발견해 1973년 노벨 생리·의학상을 받았습니다. 그의 발견에 따르면 꿀벌이 8자를 그리며 춤을 추면 먹이가 멀리 있다는 뜻이고, 원을 그리며 춤을 추면 먹이가 100미터 안에 있다는 뜻입니다. 꿀벌은 춤을 추는 횟수와

회전 각도로 먹이가 있는 위치와 거리, 먹이의 양과 같은 정보를 무리에게 알립니다.

그뿐 아닙니다. 꽃봉오리에서 얻는 진액에 분비물과 밀랍, 꽃가루를 섞어 만드는 프로폴리스 이야기도 썩 재미납니다. 꿀벌들은 이 프로폴리스를 벌집 입구에 발라 곰팡이와 세균을 방지하니, 프로폴리스는 말하자면 천연 항생제인 셈입니다.

지렁이 이야기도 흥미롭습니다. 지렁이는 땅에 사는 무척추동물 중에서 몸집이 가장 크답니다. 지렁이는 전 세계에 7,000종 정도 있으며 프랑스에는 140종이, 우리나라에는 60여 종이 살고 있다고 합니다. 이 책에서 알려 주듯이 지렁이는 아주 이로운 동물입니다. 부지런히 땅굴을 만들어 흙에 공기가 잘 통하게 하고, 땅속 깊은 곳에 물이 스며들게 하며, 흙을 삼켰다가 소화한 후 배설하여 식물들이 건강하게 자라는 데 꼭 필요한 부식토를 만들어 냅니다.

게다가 지렁이는 두더지, 새, 오소리, 고슴도치의 훌륭한 먹잇감이기도 합니다. 사실 지렁이가 없으면 먹이사슬은 끊어지고 맙니다. 그러므로 '생태계 엔지니어'라는 별명을 가진 지렁이는 생태계에 없어서는 안 되는 존재랍니다.

이 두 영웅이 점차 사라져 가고 있어 많은 사람이 걱정하고 있습니다. 아스팔트로 뒤덮인 도시가 많아지면서 지렁이는 땅굴을 파지 못합니다. 꽃에는 꿀벌이 아니라 매연이 앉습니다. 농사를 짓는 땅에서는 화학 물질로 인해 꿀벌과 지렁이가 죽어 가고 있습니다.

꿀벌과 지렁이가 먹을거리를 주며 우리를 지켜 주었듯, 이제 우리도 두 영웅을 보호하고 지켜 주는 훌륭한 파수꾼이 되는 건 어떨까요?

권오길(생물학자, 강원대학교 명예 교수)

차례

감수의 글	2	봄이 왔어요	26
		여름이 왔어요	28
텃밭을 보아요	6	가을이 왔어요	30
우리 몸은 이래요	8	겨울이 왔어요	32
역할이 있어요	10	우리는 이런 일을 해요	34
이렇게 살아가요	12	목숨이 위험해요	36
이렇게 번식해요	14	도움을 받아요	38
이렇게 자라요	16	도시에서 사는 건요	40
이렇게 먹어요	18	사촌들을 소개할게요	42
적에게 잡아먹혀요	20		
이렇게 지켜요	22	이해하며 읽어요	44
이렇게 이동해요	24	책을 읽다 * 표시가 있는 말은 여기에서 찾아보세요.	

꿀벌과 지렁이, 둘이 무슨 관계가 있냐고요?
꿀벌은 붕붕 날아다니지만 지렁이는 꿈틀꿈틀 기어 다니지요.
또 꿀벌은 꿀을 모으러 다니지만 지렁이는 땅속에서 뭔지 모를 무언가를 만들어요.
이렇게 둘은 크게 다르지요.

하지만 생각보다 깊은 관계가 있어요. 우리가 먹는 것의 절반은 이 두 작은 벌레가
생명을 준 것들이거든요. 유채, 해바라기, 많은 채소와 과일, 애호박부터 카카오까지 말이에요.
사과도 마찬가지랍니다. 슈퍼마켓에 진열된 빨갛고 예쁜 사과는
꿀벌이 꽃가루받이*를 해 준 덕분에 생명을 얻은 거지요.
또 사과나무 아래에는 분명히 지렁이들도 있었을 거예요.
지렁이들이 썩은 낙엽들을 거름으로 만들고 부지런히 땅굴을 판 덕분에
사과나무는 그곳에 뿌리를 내려 영양분을 얻은 거랍니다.

이처럼 생명의 위대한 끈은 꿀벌과 지렁이, 꽃과 사과뿐 아니라 새, 나무, 거미, 오소리, 두더지,
진딧물, 물고기, 맨눈으로는 보이지 않을 만큼 작은 곤충들까지 이어 주고 있어요.
그리고 우리 인간들도 이어 준답니다.
세상 모든 것이 똑같은 햇빛과 똑같은 비 아래, 똑같은 흙으로 이어져 있거든요.

자연 속 두 영웅

어느 여름날 이른 아침이에요. 토마토가 햇살 아래 빨갛게 익고, 양상추 잎이 무성하게 자라고, 풀숲 사이에 애호박이 숨어 있어요. 그런데 이 텃밭을 멋지게 일구어 낸 숨은 두 영웅을 알고 있나요? 한 영웅은 더운 날씨 속에서 이 꽃 저 꽃 옮겨 다니며 꿀을 모읍니다. 그리고 다른 한 영웅은 땅속에 몸을 동그랗게 움츠리고 잠을 자지요. 사실 이 영웅들은 우리가 좋아할 만한 모습은 아니에요. 꿀벌은 침을 쏘고, 지렁이는 미끌거리니까요. 하지만 꿀벌과 지렁이는 자연과 인간에게 커다란 도움을 주는 존재랍니다!

텃밭을 보아요

생명을 주는 벌통
한여름이면 무려 4만 마리의 꿀벌이 벌통을 드나들며 바삐 움직여요. 벌통 주변 5킬로미터 안에 있는 열매들은 대부분 이 꿀벌들 덕분에 열리는 거랍니다.

땅의 친구
지렁이들이 살고 싶어 하는 곳은 기름진 땅이랍니다. 그런 땅은 숨을 쉬고, 물을 마시고, 수많은 벌레를 키우고, 식물들이 쑥쑥 자라게 하지요.

검은 영웅

세상에서 가장 오래된 꿀벌 화석은 호박 보석 조각 안에 있어요. 무려 1억 년 전에 만들어진 것이라고 해요. 그 옛날에도 꿀벌들의 꽃가루받이 덕분에 꽃나무들이 무럭무럭 자랐답니다. 특히 유럽흑벌은 100만 년 전부터 있었지요. 꽃꿀(꽃물)을 황금빛 꿀로 바꾸는 특별한 능력을 가진 이 흑벌의 학명은 '꿀을 만드는'이라는 뜻의 아피스 멜리페라 멜리페라(Apis mellifera mellifera)예요. 하지만 흑벌 말고도 꽃의 꿀을 모으는 꿀벌은 전 세계에 2만 종 가까이 있어요.

사랑으로 맺어진 열매
꿀벌과 꽃이 만나 꽃가루가 자욱하게 퍼지면 살구와 멜론, 산딸기 같은 온갖 여름 과일이 열려요.

겸손한 영웅

지렁이는 2억 년 전 깊은 바다에 모습을 처음 드러낸 거대한 벌레의 먼 자손이에요. 땅에 식물들이 생겨나기 시작하자 지렁이들도 뭍으로 올라온 거죠. 지렁이는 땅에 사는 무척추동물 중 몸집이 가장 큽니다. 지렁이는 전 세계에 7,000종 정도 있습니다.

소중한 똥
지렁이는 흙 속에 공기가 잘 통하게 하고 땅을 기름지게 해요. 땅속에서 지렁이 똥이 보이면 그곳에 지렁이가 살고 있다는 걸 알 수 있어요.

우리 몸은 이래요

꿀을 모으기 위한 몸

꿀벌의 몸은 무려 6,500만 년 동안 꽃들과 멋지게 협동할 수 있도록 만들어져 왔지요. 꿀벌은 접었다 폈다 할 수 있는 긴 혀를 꽃잎 사이에 스윽 집어넣어 꽃꿀을 빨아들여요. 눈을 비롯한 온몸은 털로 덮여 있어서 꽃가루가 잘 들러붙지요. 그리고 여섯 개의 다리에는 꽃가루를 저장하는 꽃가루통이 달려 있고, 눈은 꽃의 색을 잘 알아보도록 발달했답니다!

몸길이 : 11~13mm
몸무게 : 80~100mg

눈
빛을 구별하도록 발달되었어요. 다양한 빛을 느끼고 햇빛이 어느 쪽에 있는지 알게 해 주지요.

더듬이 2개
더듬이는 구멍에 있는 감각 기관인데, 냄새를 맡고 꽃꿀을 찾아냅니다. 진동이나 화학적 신호로 의사소통도 해요.

겹눈
꿀벌은 4,500개의 낱눈으로 이루어진 겹눈을 움직여 사방을 볼 수 있어요. 낱눈은 미세한 털로 덮여 있고 구조가 매우 단순하여 잘 보지 못하지요.

큰턱과 작은턱
턱으로 밀랍*을 만들어 내거나 프로폴리스*를 모은답니다. 크기가 작은 적들을 베어 낼 때도 사용해요.

흡입관과 입틀(긴 혀)
접혀 있던 입틀을 펴서 꽃꿀 속에 넣고 숟가락으로 떠 먹듯 꿀을 모아요.

땅을 기어 다니는 소화관

지렁이의 몸 구조는 꽤 단순하답니다. 몸마디(체절)* 150개 정도로 이루어진 기다란 관 모양이지요. 지렁이의 창자는 몸의 한쪽 끝에 있는입에서 반대쪽 끝에 있는 항문까지 죽 이어져 있어요. 창자 외에 다른 기관들은 대부분 머리 쪽에 모여 있지요. 크기가 1밀리미터쯤 되는 분비샘인 뇌와 심장 다섯 쌍, 모이주머니, 모래주머니, 생식기 등이 그곳에 있거든요.

몸길이 : 9~30cm
몸무게 : 2~14g

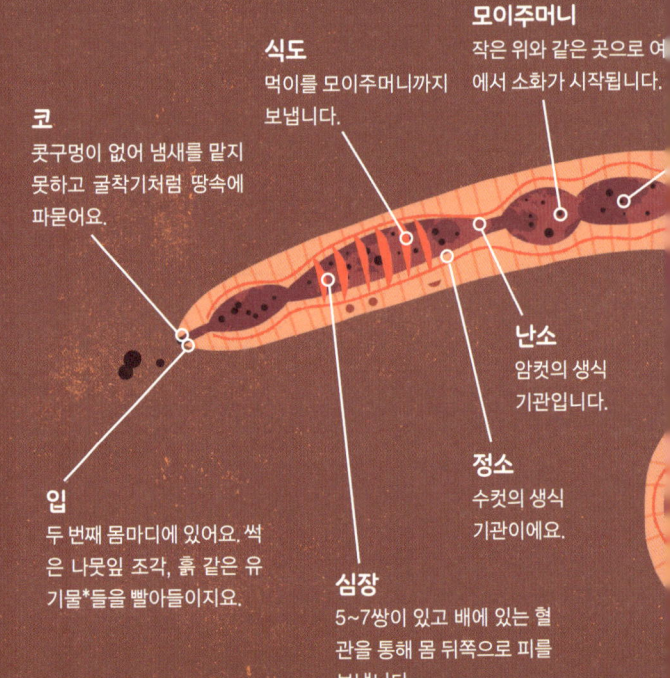

코
콧구멍이 없어 냄새를 맡지 못하고 굴착기처럼 땅속에 파묻어요.

식도
먹이를 모이주머니까지 보냅니다.

모이주머니
작은 위와 같은 곳으로 여기에서 소화가 시작됩니다.

난소
암컷의 생식 기관입니다.

정소
수컷의 생식 기관이에요.

입
두 번째 몸마디에 있어요. 썩은 나뭇잎 조각, 흙 같은 유기물*들을 빨아들이지요.

심장
5~7쌍이 있고 배에 있는 혈관을 통해 몸 뒤쪽으로 피를 보냅니다.

호흡 구멍
숨 쉴 때 사용하는 작은 구멍들이에요.

모이주머니
꽃꿀을 최대 70밀리리터까지 담을 수 있는 위인데, 모이주머니의 무게가 꿀벌의 몸무게나 마찬가지예요. 이곳에서 꽃꿀이 꿀로 바뀌기 시작한답니다.

꽃꿀을 찾는 눈

꿀벌은 딱 세 가지 색만 구별할 수 있어요. 바로 초록색과 파란색, 자외선이에요. 특히 자외선은 사람에게는 보이지 않는 색이지요. 꿀벌에게 노란색은 옅은 초록색으로 보이고, 주황색과 빨간색은 검은색으로 보인답니다. 개양귀비 같은 꽃들은 꽃가루받이를 하기 위해 한가운데에 자외선으로 표시를 해 두어 꿀벌이 꽃꿀을 찾아오도록 하지요. 물론 꽃가루도요. 사람들 눈에는 이 표시가 까맣고 작은 얼룩처럼 보인답니다.

날개 4장
혈관이 비치는 투명한 막이에요. 날개를 이용해 앞, 뒤, 비스듬한 방향 모두로 날 수 있지요.

갈고리
분봉*을 위해 꿀벌 무리가 한데 모일 때 서로를 붙잡고 매달리는 데 사용하지요.

꽃가루통
긴 털로 뒤덮인 채 속이 비어 있으며, 여기에 작은 꽃가루 알갱이들을 밀어 넣습니다.

침 또는 독침
안으로 집어넣을 수 있고 독주머니와 연결되어 있어요.

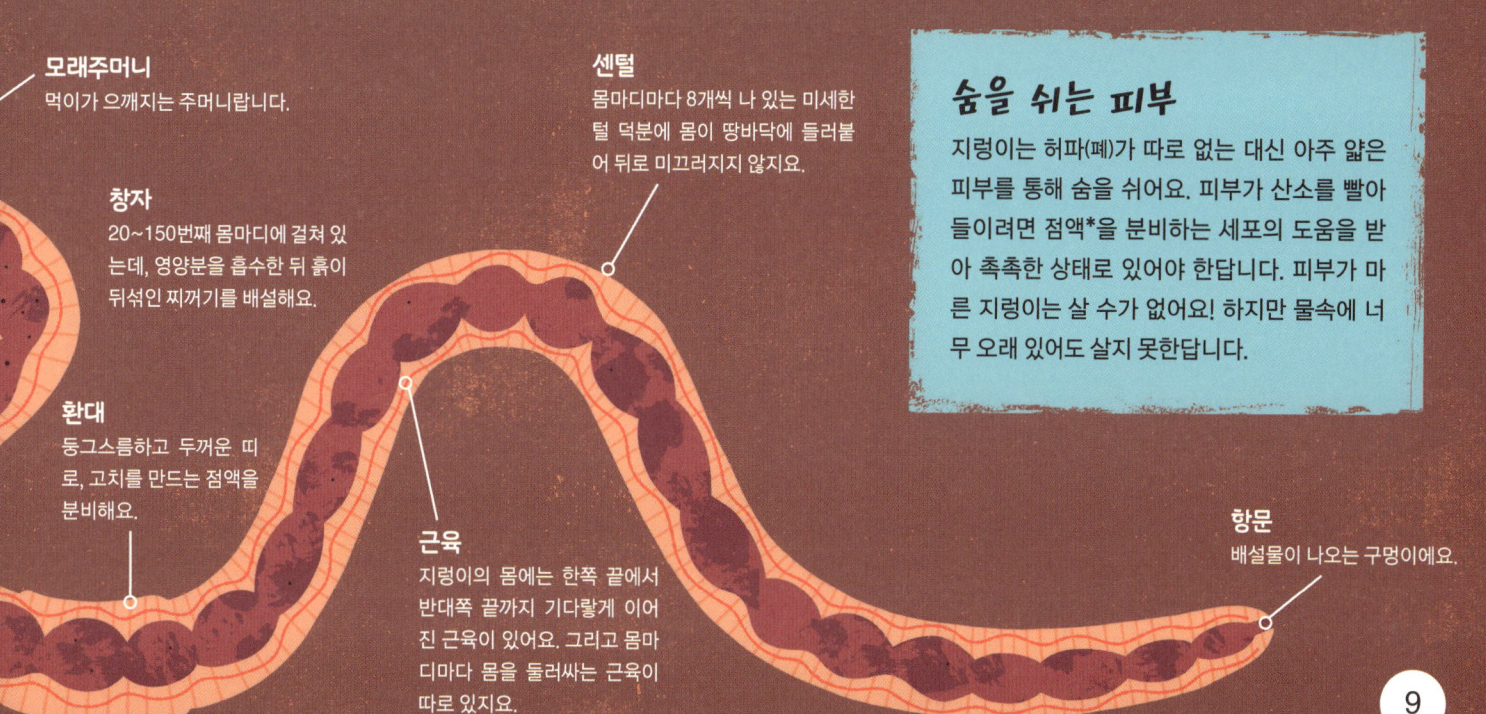

모래주머니
먹이가 으깨지는 주머니랍니다.

창자
20~150번째 몸마디에 걸쳐 있는데, 영양분을 흡수한 뒤 흙이 뒤섞인 찌꺼기를 배설해요.

환대
둥그스름하고 두꺼운 띠로, 고치를 만드는 점액을 분비해요.

샌털
몸마디마다 8개씩 나 있는 미세한 털 덕분에 몸이 땅바닥에 들러붙어 뒤로 미끄러지지 않지요.

숨을 쉬는 피부

지렁이는 허파(폐)가 따로 없는 대신 아주 얇은 피부를 통해 숨을 쉬어요. 피부가 산소를 빨아들이려면 점액*을 분비하는 세포의 도움을 받아 촉촉한 상태로 있어야 한답니다. 피부가 마른 지렁이는 살 수가 없어요! 하지만 물속에 너무 오래 있어도 살지 못한답니다.

근육
지렁이의 몸에는 한쪽 끝에서 반대쪽 끝까지 기다랗게 이어진 근육이 있어요. 그리고 몸마디마다 몸을 둘러싸는 근육이 따로 있지요.

항문
배설물이 나오는 구멍이에요.

꽃들의 친구

봄이면 사과나무 꽃에서 은은한 향기가 퍼져 나가고, 향기에 끌린 꿀벌은 꽃꿀을 찾기 위해 어여쁜 분홍빛 꽃에 앉아요. 그런 다음 긴 관을 꽃 속으로 살며시 밀어 넣지요. 어느새 꽃가루를 뒤집어쓴 꿀벌은 다른 꽃에 가서 그 꽃가루를 옮긴답니다. 얼마 뒤 꽃이 있던 자리에는 열매가 맺혀요.

꽃가루받이는 자연에서 꿀벌들이 맡은 정말 중요한 임무랍니다. 전 세계 식물의 80퍼센트가 집벌과 야생벌의 도움으로 꽃가루받이를 하게 되지요. 해바라기부터 난초에 이르기까지 말이에요.

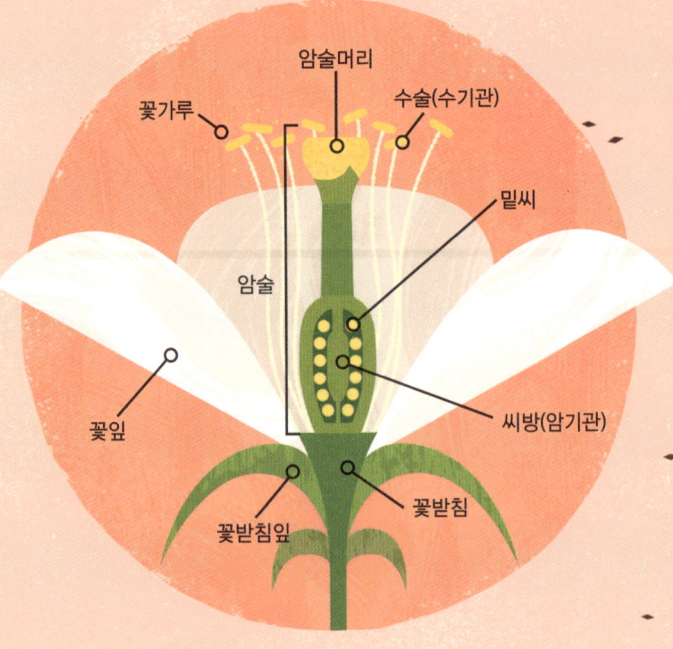

역할이 있어요

생태계 엔지니어

지렁이는 보잘것없게 생겼지만 자연에서 무척 중요한 역할을 맡고 있어요. 그래서 과학자들은 지렁이에게 '생태계 엔지니어'라는 이름까지 붙여 주었지요. 지렁이가 만든 땅굴은 흙에 공기가 잘 통하게 하고 땅속 깊은 곳까지 물이 스며들게 한답니다. 그리고 흙을 삼켰다가 소화하면서 식물들이 건강하게 자라는 데 꼭 필요한 부식토*를 만들어 내죠. 이뿐만 아니라 썩은 잎 등 커다란 찌꺼기들을 잘게 부수기도 하는데, 이것은 땅속 청소부로서 중요한 역할이랍니다.

아주 작은 집
세균이나 균류* 같은 작은 재생 전문가들은 땅속 찌꺼기들을 영양분으로 바꾸어 주는데, 지렁이가 만든 땅굴은 이들이 살기에 안성맞춤인 곳이에요.

❶ 꿀꿀 찾기
꽃꿀을 마시러 온 꿀벌의 털에 수술에 있는 꽃가루 알갱이들이 묻어요.

❷ 꽃가루 수송 작전
꿀벌이 또 다른 꽃의 암술에 꽃가루를 묻혀요. 꽃가루 알맹이가 씨방까지 들어가면 밑씨가 만들어져요.

꽃과 꿀벌의 협동

꿀벌과 꽃은 무려 1억 년 전부터 서로에게 봉사해 왔어요. 둘은 '꽃꿀과 꽃가루받이'를 주고받는 관계를 맺기 위해 변신해 왔지요. 꿀벌의 흡입관은 거의 모든 꽃의 한가운데까지 닿을 수 있도록 발달했답니다. 그리고 꽃들은 색깔이나 향기, 풍부한 꽃꿀 등 꿀벌 눈에 잘 띄고 꿀벌을 불러들이는 기술들을 개발했지요.

❸ 열매 맺기
수정된 밑씨에서 열매가 맺혀요. 꿀벌이 다녀간 자리에는 사과, 체리, 키위, 토마토, 해바라기 씨 등 갖가지 열매가 열려요.

챔피언 지렁이!

지렁이는 매일 자기 몸무게보다 1.5배나 되는 흙을 파헤쳐요. 1만 제곱미터당 지렁이 25만 마리가 있다고 치면 해마다 소화하는 흙의 양이 무려 300톤에 이른답니다. 이런 속도라면 영국만 한 넓이의 흙도 50년이면 모조리 새로 갈아엎을 수 있어요!

바람이 솔솔
지렁이가 만드는 땅굴 덕분에 땅 1제곱미터당 공기가 드나들 수 있는 땅속 공간은 5제곱미터만큼 생겨요.

흙 뒤섞기
지렁이가 왔다 갔다 하면서 철분 같은 미네랄* 성분이 든 하층토*를 위로 올리고 유기물 찌꺼기들을 땅속 깊이 가져가요.

기름진 배설물
일 년 동안 초원 1만 제곱미터당 100만 마리의 지렁이가 기름진 배설물 40~100톤을 땅 위와 땅속에 내놓아요.

먹이 재활용
썩은 나뭇잎 중 큰 조각들을 삼킨 다음 잘게 부수어 아주 작은 벌레들이 먹을 수 있게 해요.

분주한 벌통 안

꿀벌은 자매벌 4만 마리와 여왕벌 한 마리가 함께 지내요. 이렇게 모인 무리는 벌통 아래쪽에서 생활하지요.

세로로 길게 지어진 나무 틀 안에 일벌들이 10만 개쯤 되는 벌집을 만들면 벌통지기 벌들이 그 안에 꿀과 꽃가루를 저장한답니다.

한편 날갯짓하는 벌들이 날개를 파닥거리며 그곳의 온도를 섭씨 35도 정도로 유지되도록 해요. 이들 말고도 열심히 청소하는 벌, 애벌레(유충)를 기르는 벌, 여왕벌을 지키는 벌이 있어요. 그리고 여왕벌은 알을 낳고 또 낳아요.

벌집 만들기

❶ 배 부분에서 얇은 밀랍 판이 나와요.
❷ 거기에 꽃가루와 프로폴리스를 더한 다음 아래턱으로 반죽해요.
❸ 벌집 구멍을 만들어요. 벽 두께는 20분의 1밀리미터쯤 돼요.
❹ 약하게 날갯짓해 온도를 섭씨 45도까지 높여 밀랍을 녹여요. 밀랍이 녹으면서 구멍끼리 달라붙어 육각형 모양의 벌집이 만들어져요. 벌집은 공간은 작지만 최고의 단단함을 자랑하지요!

이렇게 살아가요

구멍 뚫기 선수

땅에 사는 지렁이는 구멍 뚫기 전문가예요. 흙을 먹으면서 땅을 파고들어 가지요! 거미줄같이 연결된 통로들을 땅속에 뚫어 두고, 깊이가 1~2.5미터 되는 곳까지 자유롭게 오간답니다. 폭이 8~11밀리미터가량 되고 동글동글한 똥을 조금씩 덧바른 지하 터널이 아래로 쭉 늘어져 있어요. 지렁이는 가장 깊은 곳에 작은 방들을 만들어 해 질 녘까지 그곳에서 머물러요.

덩치가 큰 벌레들
다지류,* 개미, 달팽이처럼 땅속에 사는 몸집이 큰 벌레들은 나뭇잎들을 작게 잘라 먹어요.

지붕
대체로 금속으로 만들어요. 지붕은 궂은 날씨나 포식자로부터 벌통을 지켜 줘요.

틀 덮개
먹이가 부족한 겨울철에 양봉가가 설탕 시럽을 놓아두는 작은 그릇이에요.

소상
꿀벌들이 겨울철에 대비해 남는 꿀을 모아 두는 그릇인데, 양봉가는 이곳에서 꿀을 채취해요.

벌통 본체
분봉군들만 있는 곳이지요. 알 뭉치가 있는 칸에는 여왕벌과 알, 애벌레, 먹이만 있어요.

착륙판
꿀을 모으는 벌들이 내려앉거나 날아가는 활주로예요. 경비벌이 이곳을 지키기 위해 천적과 맹렬히 싸워요.

인간이 발명한 벌통

꿀벌들은 원래 갈라진 나무나 바위 구멍 속에 집을 지어요. 그런데 머나먼 옛날부터 사람들은 꿀벌이 모아 둔 꿀을 쉽게 얻으려고 벌통을 지어 꿀벌 무리를 유인했답니다. 쇠똥을 바른 등나무 줄기로 바구니를 엮거나 황토 항아리, 나무껍질로 만든 긴 원통을 이용하기도 했지요. 19세기부터 벌통은 대체로 나무로 만들고 직사각형 모양을 하게 되었어요.

덩치가 작은 벌레들
진드기, 톡토기, 게벌레처럼 몸집이 작은 벌레들은 큰 벌레가 먹고 내놓은 배설물을 맛있게 먹어요.

이웃사촌 벌레들
지렁이가 사는 땅에는 다른 벌레들도 살고 있어요. 땅 위에 사는 벌레도 있고 땅굴을 파고 사는 벌레도 있지요.

흙 속의 작은 동물

건강한 땅에는 매우 작은 동식물이 엄청나게 많이 살고 있어요. 땅 1만 제곱미터 면적 안에는 지렁이를 비롯한 수많은 작은 동물이 1~5톤, 미세 균류 3톤, 박테리아 1.5톤이 있답니다.

생명을 위한 비행

바람 한 점 없이 화창한 날 여왕벌이 벌통에서 나왔어요. 이때가 여왕벌이 더듬이를 밖으로 내미는 처음이자 마지막 순간이지요. 밖으로 나온 여왕벌은 일하지 않는 수벌을 만나러 날아가요. 수벌 중 10여 마리 정도만 여왕벌과 짝짓기 비행을 할 기회를 얻지요. 짝짓기가 끝난 수벌은 생식기가 뽑힌 채 죽는답니다. 한편 정자를 수백만 개 갖게 된 여왕벌은 벌통으로 되돌아와 죽을 때까지 알을 낳아요. 여왕벌은 자신이 속한 꿀벌 무리의 단 하나뿐인 엄마랍니다.

활발한 활동
주위에서 날아온 수벌 수백 마리가 여왕벌을 기다리며 날아다녀요.

이렇게 번식해요

거꾸로 마주한 사랑

밤이 되면 지렁이 두 마리가 풀밭에서 만나요. 지렁이는 모두 암수한몸이에요. 말하자면 암컷도 되고 수컷도 되는 거죠. 머리쪽 가까이 있고 두꺼운 둥근 띠처럼 생긴 환대가 부풀어 오르며 점액을 분비해요. 점액 덕분에 지렁이 두 마리가 서로 거꾸로 누워 배를 맞대고 붙어 있을 수 있는 거랍니다.

❶ 주고받기
상대방에게 받은 정자는 나중에 알을 수정하기 위해 저장해 놓아요. 짝짓기가 끝나면 서로 떨어지죠.

더듬이 감각이 예민하고 눈이 큰 수벌이 여왕벌을 더 잘 찾아요.

여왕벌을 기다리며 기나긴 비행을 하는 데 필요한 튼튼한 날개가 있어요.

여왕벌

수벌

알만 낳다 죽는 여왕벌!

태어난 지 일주일이 지난 여왕벌은 비행을 시작해요. 수벌 10여 마리와 짝짓기한 여왕벌은 정자를 9,000만 개 받지요. 그중 약 700만 개는 특별한 기관에 저장해 놓고 알을 수정할 때마다 차례로 꺼내 쓴답니다. 3~5년 동안 해마다 40만 개 가까이 알을 낳아요. 여왕벌이 낳는 알의 수가 점점 줄어들면, 일벌들은 여왕벌을 죽이고 새 여왕벌을 여왕 자리에 오르게 해요.

결국 쫓겨나는 수벌

수벌의 임무는 단 하나, 여왕벌을 수정시키는 일뿐이지요. 하지만 그 임무에 성공하는 수벌은 100마리 중 겨우 한 마리 정도예요. 수벌들은 꽃꿀을 빨아들이는 흡입관이 없어서 스스로 먹이를 구하지도 못하고, 독침이 없어서 자신을 지키지도 못해요. 일벌들은 수벌이 쓸모 있을 때만 꿀을 먹을 수 있게 해 주다가 여름이 끝날 즈음이면 찔러 죽이거나 벌통에서 쫓아내요. 결국 수벌들은 굶어 죽거나 추위에 떨다 죽고 말지요.

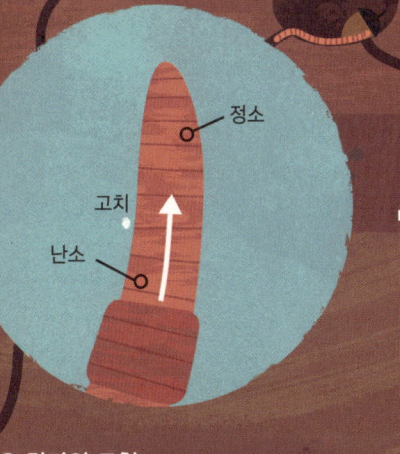

정소

고치

난소

❷ 각자의 고치
환대를 이용해 각자 고치를 만들어요. 만들어진 고치를 머리 쪽으로 밀어 올리는데, 난소 앞을 지나면서 알을 받은 다음 정소 앞을 지나면서 정자들을 받아요.

❸ 드디어 나온 고치
난자와 정자를 받은 고치는 계속해서 머리 쪽으로 미끄러져 들어가 마침내 지렁이 몸 밖으로 나와요. 풀밭에 떨어진 고치에는 수정란이 들어 있어요.

소중한 유충

보통 지렁이들은 번식력이 약해요. 일 년에 한 번 짝짓기를 해서 5~10개 정도의 고치를 만들어 내지요. 고치마다 알이 하나씩 들어 있고 그 안에서는 유충이 딱 한 마리만 자랄 수 있어요. 그런데 번식 속도가 매우 빠른 지렁이들도 있답니다. 퇴비를 만드는 지렁이들은 고치를 일 년에 140개 정도 만들어 내고, 거기에서 유충이 400마리 가까이 태어나요.

무리가 먼저야

여름이 되면 여왕벌은 밤낮없이 1분마다 알을 하나씩 낳을 수 있어요. 무리 속에 매일 2,000개의 알을 새롭게 들이려면 질서를 잘 지켜야겠지요. 그래서 일벌들은 짧은 일생 동안 군소리 없이 각자 맡은 일을 해 낸답니다. 일벌들은 보통 여름철에는 38일을, 봄철에는 60일을, 겨울철에는 140일을 살아요. 일벌은 오직 무리가 잘살기만을 바라며 자신을 희생하다 결국 지쳐서 죽고 말지요. 무리에게 물을 가져다주려고 나왔다가 죽는 경우가 많답니다.

❸ 번데기
알에서 깨어나고 10~20일이 지나면 밀랍으로 벌집을 막아요. 그 안에서 다리, 날개, 눈 등이 생기는 탈바꿈(변태)*이 일어나요.

❷ 애벌레
수정된 지 4~9일이 지나 알에서 깨어난 애벌레는 몸무게가 900배로 불어날 때까지 열린 벌집 안에서 오직 먹기만 한답니다.

❶ 알
여왕벌이 알을 수정하면 일벌인 암컷이 되고, 수정하지 않으면 일을 하지 않는 수벌이 되지요.

이렇게 자라요

아기 캡슐

짝짓기를 한 지렁이들은 고치를 각자 하나씩 풀밭에 내려 둡니다. 레몬 모양에 성냥 머리 부분처럼 작은 캡슐은 아주 작은 알을 감싸고 있어요. 고치는 애벌레의 목숨을 위협하는 건조함과 뜨거운 열기를 막아 주지요. 애벌레는 일단 태어나고 나면 무척 빠른 속도로 자라나요. 보통 3~8년 정도 살지만 가두어 놓고 키우는 지렁이는 10년도 거뜬히 살 수 있답니다!

❶ 부화
고치들은 날이 좋으면(지렁이들에게는 비가 내리고 습한 날이겠지요) 14~21일째에 부화해요.

④ 어른벌레(성충)
21일째가 되면 어른이 된 벌이 밀랍을 갉아먹고 벌집에서 빠져나오지요. 그리고 더듬이를 뻗고 구겨진 날개를 펼쳐요.

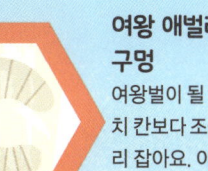

여왕 애벌레만을 위한 구멍
여왕벌이 될 애벌레는 다른 알 뭉치 칸보다 조금 더 넓은 벌집에 자리 잡아요. 이 애벌레들은 자라는 속도가 다른 애벌레들보다 빨라서 6일이면 어른벌레가 되지요.

꿀벌의 성장과 임무

꿀벌이 성장에 따라 해야 할 일은 여러 물질을 분비하는 분비선에 의해 결정된답니다. 분비선이 자랄 때마다 새로운 일을 맡지요.

1~2일째 태어나자마자 일을 시작해요. 어린 꿀벌은 벌집을 깨끗이 청소하고 날갯짓을 해서 알 뭉치를 데워요.

3~11일째 영양 분비선에서 로열 젤리를 만들어 내 어린 애벌레들에게 먹여요.

12~17일째 밀랍 분비선이 활동을 시작하고 집을 짓는 일꾼으로 변신해요. 벌통에 먹이를 갖다 주고 벌집을 먹이로 가득 채우는 일을 하지요.

18~21일째 아래턱에 있는 분비선에서 경보 페로몬*이 나오게 되면서 벌집을 지키는 경비벌이 되어요.

22~35일째(최대 45일째) 벌통 주위에서 첫 비행을 한 뒤 일벌이 되어 먹이와 물을 모으러 다녀요.

❸ 분홍색 청년
태어나고 몇 시간 지나면 몸 색깔이 짙어지기 시작해요. 하루 만에 어른벌레 모습과 비슷해져요.

❷ 흰색 아기
몇 밀리미터 정도 되는 갓 태어난 애벌레는 실 가닥처럼 보이지요.

어른이라는 표시

어른벌레가 된 지렁이는 어떻게 알아볼 수 있을까요? 환대를 보면 알 수 있지요. 환대는 머리와 매우 가까운 쪽에 있어요. 두꺼운 둥근 띠처럼 생기고 주황빛이 감도는 분홍색이랍니다. 환대는 태어난 지 일 년쯤 되어 성 성숙*이 이루어지면 나타나고 고치를 만드는 점액을 분비한답니다.

꿀은 나의 생명

다 자란 꿀벌은 당분으로 가득 찬 꽃꿀과 꿀에서 에너지를 얻어요. 그리고 꿀벌 무리가 단백질을 얻을 수 있는 유일한 먹이는 꽃가루지요.
보모벌들은 꽃가루를 잔뜩 넣은 로열 젤리를 만들어 애벌레들에게 먹인답니다. 먹이를 나누며 꿀벌들 사이에는 아주 끈끈한 관계가 만들어져요. 소화액이 섞인 꽃꿀이 전해질 때 페로몬도 같이 전해지거든요. 여왕벌의 명령도 마찬가지로 입에서 입으로 전해지지요.

❶ 꽃꿀 채취
일벌은 꽃잎 사이에 혀를 집어넣어 달콤한 액체 방울을 빨아먹은 뒤 모이주머니에 저장해요.

이렇게 먹어요

이빨 없이 먹기

이빨 없이 먹기란 여간 힘든 일이 아니죠! 그래서 지렁이는 나름의 요령을 찾았어요. 바로 세균이나 미세 균류처럼 작은 미생물들이 대신 씹게 하는 거예요. 자기가 구한 식물 조각, 죽은 곤충, 깃털 등을 묻어 놓고 분해되기를 기다렸다가 땅을 파면서 엄청난 양의 흙을 삼키지요. 매일 자기 몸무게의 20~30배나 되는 흙을 먹어서 미생물들이 이미 씹어 놓은 먹이를 되찾아 가는 거랍니다.

식량 저장
땅굴 입구에 꼬리 부분을 걸쳐 놓고 몸을 쭉 뻗어 입으로 나뭇잎 조각을 빨아들여요.

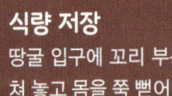

❹ 먹기에 좋은 꽃가루
벌집 구멍마다 꽃가루 알갱이들이 빽빽하게 채워지면 약간의 꿀과 밀랍으로 벌집을 덮어요. 그 안에서 꽃가루가 숙성되어 영양이 풍부한 먹이가 되는 거예요.

❺ 담기
이 벌에서 저 벌로 옮기는 과정이 이어져요. 그러다가 마지막으로 받은 벌이 벌집에 꿀을 붓고 밀랍으로 벌집을 막아요.

❷ 꽃가루 모으기
수술을 물어 꽃가루가 날리게 하고, 꽃가루 알갱이들을 반죽해 뒷다리에 있는 꽃가루통에 눌러 넣어요.

❸ 꿀이 만들어지는 중
모이주머니에서 꽃꿀이 꿀로 바뀌기 시작해요. 벌집으로 되돌아가 일벌의 입에 꽃꿀을 게워 내지요

로열 젤리

애벌레들은 태어나서 3일 동안 보모벌들이 만든 로열 젤리를 먹는답니다. 로열 젤리에는 단백질과 여러 비타민이 있지요. 3일이 지나면 일벌이 될 벌은 물과 꽃가루와 꿀이 섞인 걸쭉한 액체를 먹고, 나중에 여왕벌이 될 벌은 계속 로열 젤리를 먹지요. 보모벌들은 위대한 희생정신을 발휘한답니다. 각각 애벌레를 세 마리씩 맡아서 10일 동안 1,000번 넘게 먹이를 주지요.

식사
식물들이 잘 분해되고 나면 지렁이는 흙과 함께 삼켜요.

분해
식량을 땅굴 깊은 곳으로 끌고 가요. 거기에 두면 미생물들이 분해하지요.

소중한 똥

지렁이의 창자에서는 작은 기적이 만들어진답니다. 흙과 미생물, 매우 작은 식물 입자들이 뒤섞이는 것인데요. 이렇게 뒤섞인 것은 작은 똬리 모양의 배설물로 새롭게 만들어져요. 식물들은 미네랄이 풍부하고 부드러운 이 배설물을 무척 좋아한답니다.

약탈자와 도둑

꿀벌에게는 적이 여럿 있어요. 새와 등검은말벌 그리고 거미처럼 꿀벌들을 공격해 잡아먹는 적이 있는가 하면, 곰이나 오소리처럼 알 뭉치와 꿀에 눈독을 들이는 적도 있어요. 이 적들은 벌통을 부수고 그 안에 있는 틀을 잡아 빼지요. 겨울철에 굶주린 딱따구리 같은 적은 나무에 구멍을 뚫어 벌통에 있는 꿀벌들을 잡아먹기도 해요. 꿀벌에 붙어 사는 바로아응애 같은 아주 작은 기생충들도 꿀벌 무리에게 큰 피해를 준답니다.

불곰
초겨울과 늦겨울이 되면 곰은 단백질을 보충해야 해요. 그래서 우리가 알고 있는 것과 달리 곰은 꿀보다 알 뭉치를 더 좋아해요.

적에게 잡아먹혀요

굶주린 적들

단백질 덩어리인 튼실한 벌레는 많은 동물이 가장 좋아하는 먹이랍니다. 그래서 지렁이들에게는 곳곳에 위험이 도사리고 있지요. 하늘에는 울새부터 올빼미·멧도요·갈매기가 있고, 땅에는 땅을 파고 기어 다니고 달리고 뛰어오르는 크고 작은 동물들이 있어요. 바로 딱정벌레, 개구리, 두꺼비, 두더지, 뾰족뒤쥐, 고슴도치, 여우, 오소리, 멧돼지 등이지요.

치열한 몸싸움
센털로 죽을힘을 다해 버티는 지렁이를 티티새가 땅굴에서 잡아 빼고 있어요.

혀 공격
두꺼비는 끈적끈적한 혀를 잽싸게 쭉 내밀어 지렁이들을 잡아요.

유럽벌잡이새
반들거리는 초록색 날개와 주황색 깃털을 지닌 이 새는 벌통 밖에서 여왕벌을 공격해요.

박각시나방
몸이 두꺼운 털로 덮여 있어서 침에 찔려도 끄떡없는 이 나방은 벌통에서 꿀을 훔쳐요.

게거미
게거미는 알록달록한 꽃 색깔로 위장하고 숨어 있다가 사냥을 해요. 커다란 앞다리 두 개로 꽃꿀을 빨고 있는 벌들을 잡아요.

꿀벌잡이노래기벌(늑대벌)
혼자서 생활하는 이 벌은 꿀벌만 노리고 사냥해요. 목에 독침을 찔러 꿀벌들을 죽이지요.

무시무시한 꿀벌 사냥꾼

등검은말벌은 꿀벌과 양봉가 들을 벌벌 떨게 한답니다. 등검은말벌은 착륙판 앞에서 제자리 비행을 하고 있다가 먹이를 낚아채 날아가요. 먹잇감의 머리와 날개, 다리를 잘라 내고 나서 몸통을 씹은 다음 자신의 애벌레들에게 먹이지요. 3초에 꿀벌 두 마리를 죽일 수 있는데, 이런 속도라면 등검은말벌이 다섯 마리만 있어도 벌통 하나를 초토화시킬 수 있어요.

먹보 조심!
멧돼지들은 넓은 땅을 뒤엎어 지렁이와 식물 뿌리, 알뿌리를 한꺼번에 먹어 치워요.

이빨로 와작!
두더지들의 먹을거리 중 90퍼센트가 지렁이인데, 뾰족한 이빨로 씹어 먹지요.

위험천만한 적들

프랑스에서는 편형동물과 아시아에서 건너온 지렁이의 개체 수가 많이 늘어났어요. 납작한 모양에 매끈하고 끈적거리는 이것들은 몸길이가 40센티미터나 되고 다른 지렁이 몸에 강력한 독을 흘려 넣은 뒤에 모조리 잡아먹어요.

무리를 위한 희생

꿀벌에게는 무기가 있어요. 독침을 가지고 있거든요. 위협을 느끼면 이 독침으로 공격 대상에게 강력한 독을 집어넣을 수 있답니다. 하지만 독침을 한 번 쏘고 나면 죽고 말아요. 독침은 작살처럼 매우 작은 갈고리들로 뒤덮여 있어서, 적의 몸에 꽂는 순간 그 자리에 걸리고 복부에 있는 독주머니까지 같이 빠져나가요. 하지만 꿀벌에게 중요한 것은 오직 자신의 무리가 살아남고, 알 뭉치와 모아 놓은 꿀을 지키는 일이랍니다. 그래서 위험이 닥치면 꿀벌은 망설이지 않고 독침을 쏘지요!

경보를 울리는 벌
경비벌이 침입자를 발견하면 곧바로 경보 페로몬을 내뿜어 주변에 있는 다른 벌들에게 알려요.

이렇게 지켜요

죽을힘을 다해 달아나기

지렁이들은 위험이 닥쳤을 때 적을 공격할 무기가 전혀 없어요. 그러니 자신을 지키기 위해 할 수 있는 최선은 깜깜한 밤에만 밖으로 나오고, 위험을 느끼는 순간 땅속으로 도망치는 거랍니다. 지렁이는 눈과 귀가 없는 대신 다행히도 땅의 진동을 무척 예민하게 느낄 수 있어요. 더불어 감광 세포라는 것이 있어서 빛의 변화를 잘 감지하지요. 새 한 마리가 달빛 앞을 지나가면 얼른 안전한 곳으로 돌아간답니다!

헤비급 무게
10킬로그램이나 나가는 오소리가 텃밭에 도착했어요. 오소리는 날카로운 발톱과 냄새를 잘 맡는 코뿐만 아니라 초음파도 듣는 귀를 가졌어요.

땅속으로 도망가기
지렁이는 땅의 진동을 감지하고 1초에 최대 1.5센티미터를 나아가는 속도로 땅굴을 따라 도망가요.

집단 공격
페로몬이 다른 벌들의 신경계에 영향을 주어 벌들을 사납게 만들어요. 그리고 떼 지어 공격에 나서지요.

여왕 자리 차지하기
여왕벌의 독침은 갈고리 같은 것 없이 매끈해요. 그리고 일벌보다 세 배나 큰 독주머니를 가지고 있어요. 경쟁자들을 제거하고 자신이 무리에서 우두머리를 차지하기 위해서지요. 여왕벌은 태어나자마자 자신이 있던 벌집에서 나와 경쟁자들이 있는 다른 벌집으로 달려가 번데기들에게 차례로 독침을 찔러 넣어요.

독주머니
떨림으로 독주머니가 흔들리면 독이 독침으로 저절로 옮겨 가요. 심지어 독침이 꿀벌 몸에서 뽑힌 상태에서도요.

강력한 독
꿀벌의 독은 물과 수십 가지 독성 물질이 섞인 것이라 강력한 알레르기* 반응을 일으키지요. 독성 물질 중에는 세포를 분열시켜 독이 퍼져 나가도록 하는 것이 있는가 하면, 피가 응고되는 것을 막는 것도 있으며, 염증이 생기지 않도록 해 방어 반응을 멈추게 하는 것도 있어요.

위험 경보
어머, 세상에나! 두더지가 1초에 80센티미터씩 지렁이를 향해 달려들어요. 지렁이는 죽기 전에 끔찍한 냄새를 풍기는 액체를 내뿜어 다른 지렁이들에게 위험을 알려요.

고약한 냄새가 나는 액체
지렁이는 공격을 받으면 피부의 구멍을 통해 끈적끈적하고 지독한 냄새가 나는 액체를 내뿜어요. 이 액체에는 다른 지렁이들이 위기에서 벗어날 수 있도록 알려 주는 페로몬이 들어 있답니다.

꿀을 모으러 떠나는 비행

꿀을 모으러 다니는 일벌이 되고 나면 대부분의 시간을 꽃밭과 벌통 사이를 왔다 갔다 하며 보내요. 종종 꽃가루를 품은 꽃들이 수 킬로미터 떨어진 곳에 있지요. 또 가끔은 무려 12킬로미터나 떨어진 곳에 있기도 해요. 일벌은 긴 시간 비행할 때는 1초에 230번가량 날갯짓을 하며 시속 25킬로미터 정도로 나아갈 수 있어요. 필요하면 최대 시속 60킬로미터까지 속도를 올리기도 해요. 보통 비행 높이는 10~30미터지만, 바람이 무척 강한 날에는 날아다니는 높이를 낮추고 풀숲 사이를 이리저리 옮겨 다니며 몸을 피하죠.

연료
일벌들은 벌통을 떠나 비행하기 전에 꿀을 배불리 먹어요.

붕붕붕
벌들의 윙윙거리는 소리는 날갯짓할 때 나는 날카로운 소리와 근육이 수축되면서 가슴 부분이 떨릴 때 나는 둔탁한 소리가 섞인 거예요.

초보 비행 연습
제자리 비행 중인 어린 일벌은 머리를 벌통을 향한 채 위치와 풍경의 색깔을 기억해요. 경비벌들은 배에 있는 샘을 통해 페로몬을 내뿜어 초보 일벌들이 벌통을 잘 찾아오도록 이끈답니다.

이렇게 이동해요

고리 모양 근육

지렁이는 오직 근육의 힘만으로 기어가요. 몸통의 여러 부위를 늘였다 줄였다 하면서 말이에요. 이런 식으로 일 년에 최대 20미터까지 움직이지요. 더 놀라운 사실은 몸을 파묻으려고 코를 작은 틈에 박고 근육을 잔뜩 오므려 땅을 파헤친다는 거예요. 이렇게 파헤치는 흙의 무게는 자기 몸무게의 60배나 되지요. 그래서 지렁이는 크기에 비해 지구상에서 가장 힘센 동물 중 하나라고 할 수 있답니다!

❶ 오므리기
머리 방향으로 나아갈 때는 몸통 앞쪽의 고리 모양 근육을 잔뜩 오므려요. 센털을 이용해 머리 부분을 땅에 붙들어 놓지요.

❷ 늘리기
그다음 몸통을 따라 길게 이어진 근육을 오므려요. 그러면 몸통 뒤쪽이 앞으로 끌려오거든요. 이런 움직임을 반복한답니다!

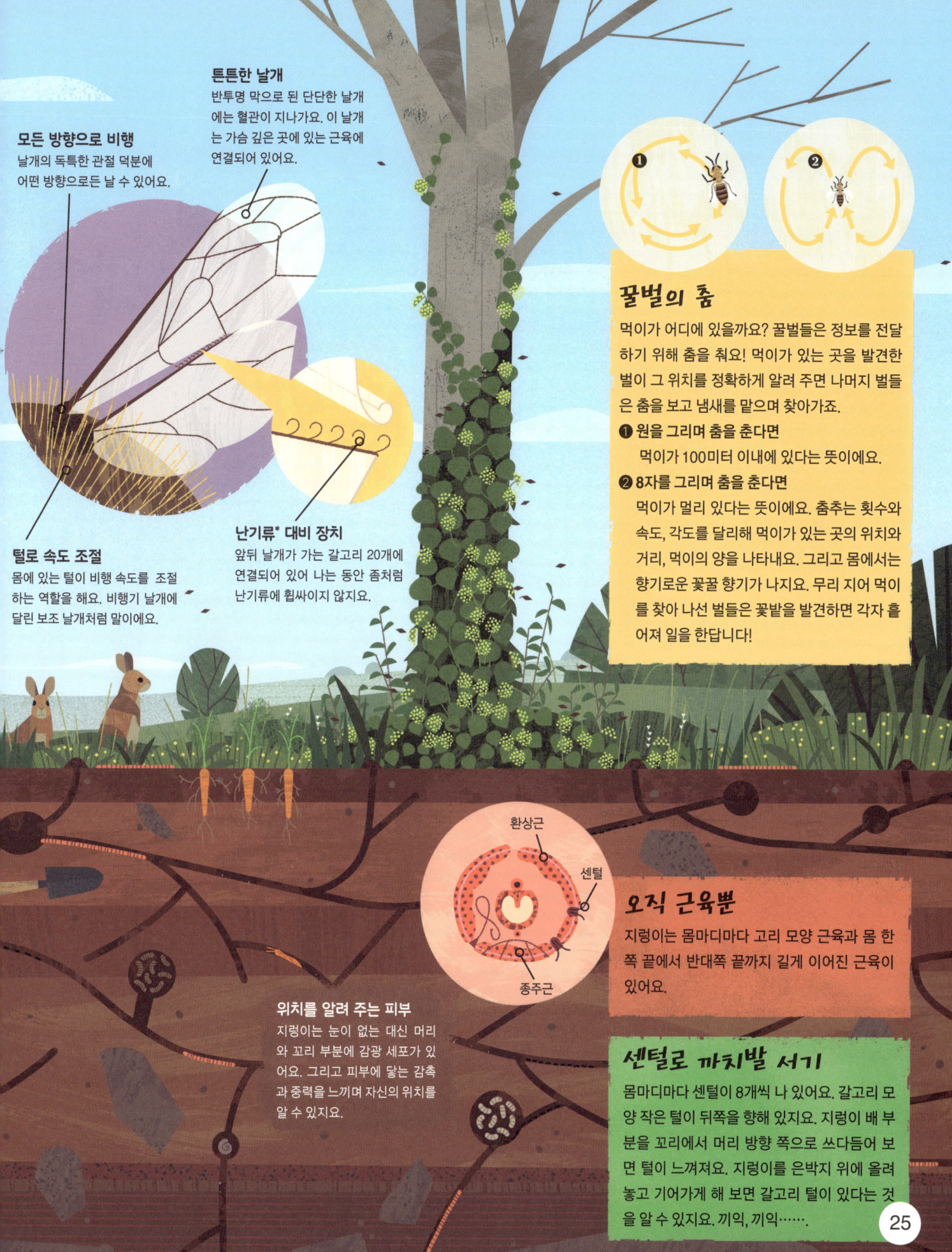

활기로 가득한 벌통

2월이면 벌통이 겨울나기를 끝내요. 여왕벌은 산란하기 시작해 5월이 되면 하루에 알을 무려 2,000개나 낳기도 하지요! 바깥 기온이 섭씨 11도만 넘어서면 일벌들은 민들레, 개암나무, 버드나무처럼 꽃을 일찍 피우는 식물의 꽃가루를 찾으러 가요.

이처럼 봄에 활동하는 꿀벌들은 알을 돌보고 먹이 창고를 다시 채우고 물을 옮기는 일을 하다가 짧은 생을 끝낸답니다. 4월이면 꿀벌들이 과수원으로 찾아와요. 아카시아나무 숲과 들꽃 가득한 벌판으로도 날아오지요.

기회를 엿보는 수컷
수벌들은 4월 중순쯤에 태어나 주변 벌통에 있는 여왕벌들을 기다려요.

봄이 왔어요

땅굴과 알

땅이 녹기 시작하면 지렁이들은 활동을 시작해요. 3~4월에 비가 내려 땅이 부드러워지면 땅속에 미로 같은 굴을 만들어요. 봄밤은 서늘하고 습해서 지렁이들이 짝짓기하여 고치를 낳기에 매우 좋은 시기랍니다.

이렇게 부드러울 수가!
딸기, 토마토, 애호박 모종들은 지렁이들이 흙을 갈아 놓은 덕분에 연약한 뿌리를 쉽게 내릴 수 있어요.

땅을 파헤치는 사촌들
땅 위에서 퇴비나 짚 더미에 떼 지어 사는 지렁이들도 열심히 먹으며 땅을 파고 알을 낳지요.

물이 필요해!

봄철에는 벌집에 물이 굉장히 많이 필요해요. 알과 애벌레에게 먹일 꽃가루 반죽에 물이 꼭 필요하거든요. 게다가 알과 애벌레의 수는 점점 늘어나고요. 또 보모벌이 저장 중인 꿀을 녹이려면 물이 필요해요. 겨우내 꿀이 굳어 결정 상태가 되어 있거든요. 이때가 되면 물 나르는 벌들의 수고를 덜어 주기 위해 벌통 근처에 물통을 놓아 주는 양봉가들이 많답니다.

민들레 만세!

봄에 꽃을 피우는 민들레는 꽃가루가 풍부해서 꿀벌들에게 횡재나 다름없어요. 그러니 민들레가 활짝 피어 있도록 그냥 두세요!

처음 만나는 꽃가루

개암나무에 달린 긴 꼬리처럼 생긴 꽃차례 한 개에서는 하루 동안 무려 500만 개의 꽃가루 알갱이가 만들어져요.

여왕벌과 시녀들

여왕벌이 알을 많이 낳는 이 시기가 되면 일벌 시녀들은 교대로 밤낮없이 여왕벌의 곁을 지킨답니다. 시녀벌들은 여왕벌을 보살피고 여왕벌에게 로열 젤리를 주는 일을 맡아요. 또한 여왕벌이 내뿜는 페로몬으로 여왕벌이 여전히 벌통의 미래를 지킬 수 있을지, 아니면 새 여왕벌을 추대해야 할지를 판단하지요.

숨 쉬는 흙

봄철에는 거미, 톡토기, 진딧물, 무당벌레 같은 작은 동물들이 활기를 띠고 개체 수를 늘려요.

삽질 조심!

봄이 되면 모두 부지런히 마당을 가꾸지요. 이때 소중한 지렁이 친구들을 잘라 버리는 일이 없도록 삽 대신 쇠갈퀴로 땅을 고르면 좋아요. 두 동강 난 지렁이는 살아날 확률이 거의 없거든요!

여름의 절정

여름이면 벌통 속 활기가 절정에 이르러요. 일벌들은 꽃꿀과 꽃가루를 열심히 모으고, 저장 창고는 꿀로 가득 채워지지요. 벌들의 수는 6월 중순과 7월 초 사이에 최고에 달해요. 5월부터 태어난 벌들의 수를 모두 합치면 4만~6만 마리쯤 되지요. 7월 중순이 되면 여왕벌의 산란 활동이 급격히 줄어들고, 일벌들은 벌집 만들기를 멈춰요. 8월부터는 낮의 길이가 짧아지고, 쓸모없어진 수벌들은 쫓겨나거나 죽임을 당한답니다.

달콤한 향기
6월에는 벌통 주위에서 짙은 꿀 향기가 나요. 하지만 이때는 벌통 가까이 가면 안 돼요. 경비벌들이 날을 바짝 세우고 경계 중이니까요!

꿀 창고
꿀벌들이 건강하고 주변에 꽃꿀이 충분하다면 벌을 키우는 양봉가는 벌통에서 20~40킬로그램의 꿀을 채취할 수 있어요.

꽃밭
꿀벌들이 유채, 해바라기, 밤나무 등 재배된 꽃들이나 토끼풀, 개양귀비, 보리수꽃, 나무딸기 등 들꽃들의 꿀을 모으러 다녀요.

여름이 왔어요

쿨쿨 여름잠 자기

덥고 건조한 날씨에 지렁이는 땅속 깊은 방으로 내려가요. 땅속은 땅 위보다 항상 시원하거든요. 땅속 깊은 곳에서 몸을 공처럼 둥글게 말고서는 길고 긴 낮잠에 빠져요. '여름잠'이라고 부르는 이 깊은 잠에 빠지면 다시 비가 올 때까지 호흡하고 소화하는 지렁이의 생체 기능이 둔해진답니다.

여름 나기 방
동그랗게 생긴 작은 방에 시멘트 같은 것을 덧발라요. 흙과 점액 그리고 배설물을 섞어 만든 것인데, 이것 덕분에 수분이 증발하는 것을 막을 수 있지요.

나무딸기 식당

여름 꽃들이 시들면 꽃꿀이 부족해져요. 그런데 다행히도 나무딸기는 9월까지 꽃을 피운답니다. 심지어 열매가 이미 맺혔는데도 꽃을 피우죠. 게다가 꽃꿀은 또 얼마나 많은지. 꽃 한 송이에서 꽃꿀을 매일 3~6밀리그램씩 만들어 내거든요! 더 좋은 점은 잎에서 당분이 든 분비물이 배어 나온다는 거예요. 살짝 단맛이 나는 액체지요. 맛있는 나무딸기 열매즙은 덤이고요. 나무딸기는 버릴 게 하나도 없답니다!

이사

5~6월 즈음 이사를 하기도 해요. 무리에 새 여왕벌이 생기면 이전의 여왕이 새로운 집으로 옮겨 가는 거지요. 그래서 무리 중 일부 벌은 이사를 대비해 꿀을 충분히 먹어 둔답니다. 분봉 준비가 끝나면 여왕벌이 먼저 날아오르고 그 뒤를 벌 1만여 마리가 쫓아가요. 함께 날아가던 무리는 어느 순간 붕붕거리며 움직이는 커다란 공 모양으로 근처 나무에 자리 잡지요. 바로 새로운 둥지를 틀 좋은 장소를 발견했기 때문이랍니다.

혹독한 더위

무더위가 이어지면 땅 위에 사는 어떤 벌레들은 죽고 말아요. 하지만 어떤 벌레들은 채소 아래쪽에 깔아 놓은 짚 더미에 들어가 더위를 피하기도 하지요.

이게 웬 행운!

채소들이 한창 쑥쑥 자랄 때에는 손쉽게 물과 영양분을 빨아들이기 위해 지렁이가 만들어 놓은 굴에 뿌리를 집어넣어요.

동글게 감은 뭉치

열기가 닿는 살갗 면적을 줄이기 위해 지렁이는 몸을 동글게 말고 온몸에 점액을 발라요. 이렇게 안간힘을 써도 몸에 있는 수분의 절반 정도는 빼앗기지요. 비야, 비야, 어서 오렴. 아니면 물이라도 뿌려 주세요.

마지막 저장

9월이 되면 벌통이 다시 조금 분주해져요. 이제 여왕벌은 알을 하루에 200개 정도 낳지요. 이 알들에서 겨울벌들이 태어나는데, 겨울벌은 여름벌보다 훨씬 오래 살아요. 10월 15일쯤 되면 여왕벌은 산란을 완전히 멈춰요.

그리고 벌통 근처에 아이비꽃이 피는 11월이 되면 꿀벌들은 마지막으로 달콤한 수액을 저장합니다. 알 뭉치 없이 비어 있는 벌집을 아이비 꽃꿀로 채우지요. 벌통의 힘겨운 겨울나기 준비가 시작되는 거예요.

모두 배불리 먹기
맑은 가을날이면 꿀벌과 말벌, 딱정벌레가 아이비 꽃꿀을 배불리 먹으며 붕붕거리는 소리를 멀리서도 들을 수 있어요.

12도 이상
이 계절에는 바깥 기온이 섭씨 12도를 넘을 때만 꿀벌들이 꿀을 모으러 나와요.

가을이 왔어요

촉촉한 비 만세!

9월에 내리는 비는 지렁이에게 자명종 소리와 같아요. 비가 내리면 봄철에 하던 활동들을 다시 하기 시작하거든요. 땅굴을 파고, 짝짓기를 하고, 알을 낳지요.
장대비가 내리면 지렁이가 물에 빠져 죽지는 않을까 걱정이 될 거예요! 하지만 다행히도 지렁이는 물속에서 피부로 호흡할 수 있답니다. 물속에 녹아든 산소가 충분하다면 말이에요.

냠냠
지렁이들은 말라 떨어진 여름 채소 잎들을 조금씩 먹어요. 그리고 지렁이들의 배설물로 된 분변토*를 흙에 다시 내놓아요.

천연 항생제

꿀벌에게는 겨울나기를 잘할 수 있게 도와주는 비장의 무기가 있어요. 바로 프로폴리스지요. 천연 식물성 기름이 풍부한 꽃봉오리에서 얻은 진액을 분비물과 밀랍, 꽃가루와 섞으면 향이 나고 살균 작용을 하는 끈적끈적한 물질이 만들어져요. 일벌들은 프로폴리스를 벌집 입구에 발라 곰팡이와 세균, 외풍을 막는답니다!

새로운 꿀벌

학명이 콜레테스 에데래(Colletes hederae)인 아이비벌은 1993년에야 세상에 알려지게 되었답니다. 아이비벌은 밭두렁이나 마른 줄기, 달팽이 껍질에 집을 짓고 홀로 사는 꿀벌이지요. 이들은 겨울철이 되어 죽을 때가 다 가오면 집에 알을 몇 개 낳아요. 봄이 오면 보모벌이 오직 아이비꽃에서만 얻어 저장해 놓은 꽃가루를 애벌레들이 먹게 된답니다.

마지막 꽃

잎이 무성한 덩굴식물인 아이비는 일 년 중 가장 늦게 꽃을 피우는 식물이에요. 아이비 꽃꿀은 겨울철에 마지막으로 얻을 수 있는 달콤한 꽃물이지요. 이 꿀은 절대 사람들이 채취하는 법이 없어요. 꿀벌들을 위해 남겨 두어야 하기 때문이에요.

이번에는 내 차례

이제는 양배추, 파, 당근과 같은 겨울 채소들이 지렁이 덕분에 비옥해진 토양을 누릴 차례예요. 이 채소들은 지렁이가 파 놓은 땅굴에 뿌리를 내려요.

지렁이 똥

숲을 산책하다 보면 가느다란 국수 가락 같은 것이 쌓인 작은 더미를 발견할 때가 있을 거예요. 지렁이가 낙엽을 배불리 먹고 난 뒤 똥을 싸 놓은 거지요. 지렁이들은 일 년에 1만 제곱미터당 무려 100톤의 똥을 눈답니다!

아주 작은 생명들이 살기 좋은 환경

습도와 여전히 미지근한 흙은 미소동물상*과 미생물상(세균, 녹조류 등)이 살기에 이상적인 조건이에요.

바짝 붙어서 추위 나기

꿀벌들은 겨울을 나기 위해 여왕벌 주위에 서로 따닥따닥 붙은 채 날개를 떨어 열을 내요. 바깥 기온이 영하 10도까지 내려가도 이렇게 해서 벌집 안은 영상 20도 정도로 유지하지요. 무리에서 빠져나온 꿀벌은 8도까지는 견딜 수 있고, 너무 추우면 다시 무리 속으로 들어가 몸을 데워요. 그리고 식량 창고에서 꿀을 조금씩 꺼내 먹으며 추위를 견디기도 한답니다. 만약 꿀이 부족해지면 양봉가가 꿀벌들에게 얼른 당분을 갖다 주어야 해요!

위험천만한 외출
꿀벌들이 밖으로 나섰을 때 기온이 8도 정도면 갑작스런 추위에 온몸이 마비되어 땅으로 떨어져 죽고 말아요.

물 나르는 일
햇살 덕분에 기온이 10도까지 오르는 날이면 무리가 느슨해지고 그중 몇몇 꿀벌이 물을 찾아 나서요.

겨울이 왔어요

땅속 깊은 곳에서 겨울잠 자기

지렁이는 변온 동물이에요. 자기 몸을 스스로 데우지 못하고 바깥 기온에 영향을 받지요. 그래서 겨울이 오면 지렁이는 땅속 굴로 내려가요. 땅속 흙은 땅 위 공기보다 덜 차갑거든요. 지렁이는 작은 방에서 몸을 동그랗게 만 채 깊은 겨울잠에 빠져들어요. 먹이를 전혀 먹지 않고 산소도 거의 빨아들이지 않는답니다. 서리가 내리지 않는 날이 며칠 이어지면 깨어나지요!

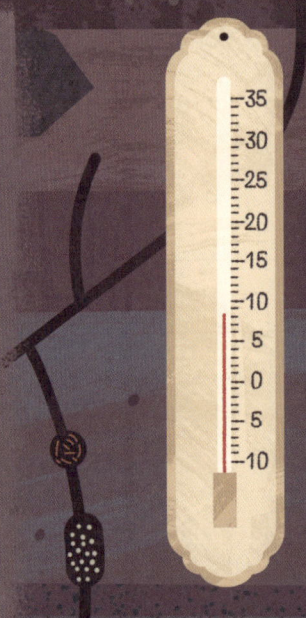

너무 추워!
땅속 10센티미터의 온도가 8도 밑으로 내려가면 땅 위에 사는 지렁이들은 죽고 말아요.

느리고 약하게
겨울철에는 땅의 생명력이 무척 약해져요. 균류, 녹조류 등 미생물 대부분이 사라지거든요.

겨울벌

9월에 태어난 겨울벌은 여름벌과는 많이 달라요. 겨울벌은 몸집이 훨씬 크고 추위에 잘 견디도록 머리와 배에 지방 덩어리를 갖고 있어요. 수명도 길어서 몇 주가 아니라 5~6개월까지 꽤 오래 살고요. 반면 꿀벌들이 꽃꿀을 찾아가게 하는 호르몬은 거의 만들어지지 않아요.

이들이 맡은 가장 중요한 역할은 무리가 겨울철에 살아남도록 따뜻하게 해 주고 여왕벌을 돌보아 봄맞이를 준비하는 것이지요. 겨울벌은 2월이 오면 그해에 갓 태어난 애벌레들에게 먹이를 주고, 처음으로 핀 꽃에서 꽃가루를 모아요. 새로 태어난 일벌들이 자라나면 그제야 죽음으로써 임무를 마치지요.

위생 제일
꿀벌들은 겨울 동안 똥을 배에 넣어 두고 있답니다. 다시 벌집 밖으로 나갈 수 있을 때까지 말이에요.

겨울 채소
이제는 텃밭에 추위를 잘 견디는 채소들만 남아요. 양배추, 파, 양상추 같은 것들 말이에요.

두더지의 냉장고
지렁이 수백 마리가 뒤엉켜 있는 곳은 두더지의 식료품 창고나 다름없어요. 두더지는 지렁이들의 머리를 잘라 내 겨울철 식량으로 저장해 두지요.

겨울철 요리

겨울철에는 땅에 거름을 준답니다. 주로 소, 돼지, 양의 똥오줌과 짚을 섞은 것이지요. 심지어 '구아노'라고 부르는 조류의 배설물을 비료로 주기도 해요.

꿀벌과 인간

꿀벌이 하는 일 중 가장 많이 알려진 일은 물론 꿀을 만드는 일이에요. 전 세계에서 해마다 180만 톤의 꿀을 채취하지요. 하지만 벌들이 인간에게 주는 가장 중요한 도움은 바로 꽃가루받이랍니다.

꿀벌이 공짜로 해 주는 이 일의 가치를 돈으로 계산하면 무려 약 206조 2,200억 원에 이르러요. 우리가 먹는 음식의 절반 정도가 꿀벌의 꽃가루받이 덕분에 얻을 수 있는 거예요. 살구·복숭아·사과·키위·딸기 등 과일부터 유채와 해바라기같이 키 큰 작물, 애호박·멜론·수박·토마토 등 채소, 동물 사료, 카카오, 커피까지 수없이 많아요.

쏘임 방지
양봉가가 입는 옷은 흰색이에요. 짙은 색은 꿀벌들을 자극하거든요. 이 옷에 얇은 망사를 덧대서 쏘이지 않도록 해요.

꿀 채취
양봉가는 4~11월 사이에 벌통을 열어 판을 빼내어 보고, 벌집이 80퍼센트 넘게 꿀로 채워져 있으면 채취해요.

우리는 이런 일을 해요

우리 친구 지렁이

비록 조그만 지렁이지만 매우 중요한 역할을 한답니다. 땅을 비옥하게 해서 땅속 식물이 잘 자라게 하고, 그 식물이 동물과 인간을 먹여 살리니까요. 지렁이가 하는 일은 값진 일이에요. 아일랜드에서 진행한 연구에 따르면 지렁이가 밭갈이를 하여 땅속에 퇴비를 묻어 주는 일이 일 년에 약 1조 3,500억 원을 아끼는 효과가 있다고 해요. 지렁이들이 할 수 있는 일은 이것 말고도 정말 많답니다.

깨끗한 물 만들기
지렁이 필터 안에서요, 1제곱미터당 지렁이 2만 5,000마리가 폐수를 머금은 흙을 먹어 치워 그 안에 있는 찌꺼기를 제거해요. 놀랍게도 단 15분 만에 물이 깨끗해져요!

꿀벌이 우리에게 주는 것들

예로부터 인간은 꿀벌에게 많은 것을 얻어 왔어요.

- 꿀 향이 나는 당분으로 그대로 먹거나 양념으로 사용해요. 또 화상을 입었을 때 치료제로 사용하거나 화장품으로도 쓰이죠.
- 꽃가루 당분과 단백질, 미네랄이 풍부한 꽃가루는 효과가 뛰어난 천연 영양제로 쓰여요.
- 프로폴리스 항생 및 항균 효과가 필요할 때 시럽 또는 사탕 형태로 섭취해요. 그리고 면역력을 높여 주지요.
- 밀랍 목재나 가죽을 튼튼하게 하고 광이 나도록 해요. 초와 비누, 화장품을 만들 때도 사용해요.
- 로열 젤리 비타민 B와 미네랄이 풍부해서 피로 회복에 좋아요.
- 독 염증과 통증을 가라앉히는 효과가 있어서 관절통과 류머티즘 증상에 도움이 돼요.

꿀 채취 작업장
양봉가는 꿀칼로 밀랍 판에서 벌집 뚜껑을 떼어 내 꿀이 아래로 흘러내리게 합니다. 그리고 꿀에서 찌꺼기를 걸러낸 뒤 그릇에 담아요.

훈연기
송풍기가 달린 철통에 건초를 넣어 태워요. 이 연기로 꿀벌들을 벌집에 몰아넣을 수 있어요.

집에 사는 지렁이

베란다 같은 곳에 둔 방수 용기나 상자에서 조용하고 점잖은 붉은줄지렁이와 줄지렁이를 키울 수 있어요. 지렁이들은 그 안에서 음식물 쓰레기를 먹고 분변토를 만들어 내요! 지렁이를 데려다 키우실 분 없나요?

퇴비 만들기
지렁이 양식 농가에서는 대규모로 지렁이 퇴비를 만들어요. 이 퇴비를 밭에 뿌리면 농작물이 무럭무럭 자란답니다.

물고기 유인하기
지렁이는 원치 않게 줄낚시에서도 중요한 역할을 해요. 바다와 강에서 지렁이를 미끼로 사용하지요.

꿀벌 살려!

유럽과 중국, 미국 등 전 세계에서 벌들이 점점 사라져 가고 있어요. 프랑스의 경우에는 1분마다 무려 2만 5,000마리나 되는 꿀벌이 죽어 가고 있다고 해요. 그러다 보니 당연히 꿀 생산량이 크게 줄어서 30년 만에 3만 5,000톤에서 2만 8,000톤 이하로 줄어들었을 정도예요.

꿀벌의 목숨을 가장 많이 위협하는 존재는 바로 살충제, 등검은말벌, 바로아응애 그리고 굶주림이죠. 이러한 위협들 때문에 위험에 처한 것은 꿀벌만이 아니에요. 꽃가루받이를 하는 곤충 중 20퍼센트 정도가 멸종 위기에 있답니다.

노리 다리를 가진 사냥꾼
등검은말벌은 애벌레들을 먹이려고 여러 곤충을 공격하는데, 그들의 먹이 3분의 2가 꿀벌이에요.

목숨이 위험해요

공포에 빠진 지렁이 집

프랑스의 경우, 농경지에서 지렁이가 무려 80퍼센트나 사라졌다니 정말 충격적인 숫자예요. 그런데도 이러한 사실은 뉴스거리가 되지 않아요. 지렁이들이 콘크리트와 포장도로 밑에서, 트랙터 바퀴 밑에서, 환경 오염으로 죽어 간다고 한들 누가 신경이나 쓰겠어요? 하지만 인간의 식량 공급에 중요한 역할을 하는 지렁이는 우리가 마음대로 길러 낼 수가 없답니다. 우리가 지렁이를 사라지게 할 수는 있지만 번식시킬 수는 없다는 뜻이죠.

잘림
흙덩어리를 잘게 부수는 회전식 쇠스랑질과 쟁기질을 하면 지렁이들이 많이 죽어요. 지렁이가 죽은 원인을 살펴보면, 25퍼센트는 쟁기질 때문이고 70퍼센트는 회전식 쇠스랑질 때문이지요.

독을 마셔요

식물은 자라면서 잎을 통해 작은 물방울 형태로 물을 증발시킨답니다. 꽃가루 매개충*들이 이 물을 즐겨 먹지요. 그런데 문제가 있어요. 해바라기나 유채를 키울 때 농작물 피해를 막기 위해 씨에 농약을 뿌리는 경우가 많거든요. 그래서 해바라기와 유채가 증발시키는 물에는 꿀벌 한 마리를 죽일 수 있는 양의 1만 배가 넘는 네오니코티노이드가 들어 있어요. 이 독성 성분은 꿀벌의 근육과 심장을 수축시켜 죽게 하지요. 프랑스에서는 꿀벌을 지키려는 사람들이 애쓴 결과 살충제 중 일부를 사용하지 못하게 만들었어요. 하지만 네오니코티노이드 중에는 여전히 사용 가능한 종류가 있어 예외 규정을 마련하는 법안이 만들어질 예정이라고 해요.

작고 무서운 기생충
꿀벌의 기생충인 바로아응애는 세계 곳곳에서 꿀벌들에게 병을 퍼뜨리는데, 병에 걸린 꿀벌은 몸이 마비되거나 날개가 변형돼요.

짓눌림
20~40톤에 이르는 트랙터와 트레일러의 무게 때문에 지렁이들의 땅굴이 사라져 버려요. 게다가 흙이 단단하게 다져진 상태라 더 이상 땅속을 파고들어 가지도 못하지요.

하나가 둘이 되지 않아요

오래된 전설과 달리 몸통이 잘린 지렁이는 두 마리의 지렁이로 살아나지 못해요. 잘린 부분 중 뇌, 심장, 위, 환대 등 생명 유지 기관과 창자 일부가 그대로 남아 있다면 상처를 회복해 살아남을 수도 있겠지만요.

고마운 잡초

꿀벌들은 정말로 심각한 위험에 처해 있어요. 그러니 아주 작은 것이라도 꿀벌에게는 큰 도움이 될 거예요. 정원과 공터, 나무 아래나 발코니에 꿀이 나는 꽃을 심는 것만으로도 도움이 되지요.

이제는 길가에 핀 민들레나 쐐기풀 같은 식물들을 그저 잡초로만 보지 말고 꽃꿀이 있는 매우 소중한 존재로 바라보면 어떨까요? 그리고 우리가 화초를 직접 가꾸지 않더라도 농약을 쓰지 않고 재배한 과일과 채소를 먹도록 해요. 꿀벌에게도 좋고 우리 몸에도 좋으니까요.

곤충 호텔
야생벌들은 알을 낳고 애벌레에게 줄 꽃가루를 저장하기 위해 속이 빈 줄기, 대나무 등 작은 관이 필요해요.

물
새들과 마찬가지로 꿀벌들도 살아가려면 물이 꼭 필요해요. 얕은 접시에 완만하게 경사를 이루도록 자갈을 깔아 두면 좋아요.

도움을 받아요

흙 뒤집지 않기

텃밭을 갈 때 지렁이들을 보호하기 위해 흙을 뒤집지 않도록 조심해야 해요. 흙을 뒤집으면 땅굴이 모두 망가져 지렁이들이 사는 세상이 거꾸로 뒤집히니까요. 그렇게 되면 땅속에 살던 지렁이들은 밖으로 내몰려 햇빛에 말라 죽고, 땅 위에서 낙엽 더미 아래에 살던 지렁이들은 땅속 깊이 파묻혀 짓눌려서 죽거든요.

친환경, 천연 물질 사용
지렁이들이 먹는 흙과 잎, 풀을 오염시키는 화학 물질을 절대 사용하지 말아요.

국산 꿀
양봉가들을 도우려면 생산자와 산지가 확실한 국내에서 생산된 꿀을 사도록 해요. 조청으로 만든 가짜 꿀이나 값싼 외국산 꿀 말고요!

야생 구역
사람의 손길이나 도구가 미처 닿지 않는 구석에는 생명력 강한 꽃들이 자라나요. 꿀벌들이 무척 좋아하는 꽃들인데 박하, 개양귀비, 쐐기풀이 대표적이에요.

계절 꽃
꽃이 계속해서 피어야 해요. 봄에는 토끼풀과 물망초, 여름에는 라벤더와 해바라기, 가을에는 히드와 아이비, 이런 식으로 말이에요.

효과가 강력한 물거름
잡초나 해충을 없앨 때 식물 성분을 토대로 한 옛날 방식을 이용해 보아요. 꽃가루받이를 하는 곤충들이 독극물과 만나는 일이 없도록 말이에요. 이때 사용하는 것이 바로 물거름이랍니다. 물거름은 식물을 며칠 동안 물에 담가 놓아 필요한 성분이 빠져나오도록 해서 얻을 수 있어요.
이 물거름은 고약한 냄새가 나지만 효과는 정말 좋아요. 예를 들어 쐐기풀 물거름은 진딧물을 없애고 토마토에게는 거름 역할을 해요. 그리고 대황 물거름은 애벌레와 민달팽이를 물리치고, 마늘 물거름은 미세 균류를 없애 주지요.
프랑스에서는 2022년부터 개인 정원에서 식물 병충해를 예방하는 화학 제초제와 살충제 사용이 금지되기 때문에 이와 같은 물거름이 꼭 필요할 거예요.

초록 잎이 최고
땅을 기름지게 하려면 지렁이를 지키고 맛있는 잎을 줘야 해요. 그럴 때 초록색 먹이만큼 좋은 게 없답니다. 연보랏빛 파셀리아나 노란색 겨자를 심었다가 자라고 나면 베어 낸 뒤 땅에 두면 돼요.

먹을거리 주기
지렁이들은 썩은 낙엽, 베어 낸 풀, 음식물 쓰레기로 덮인 흙을 아주 좋아해요.

갈고리 모양 도구 사용하기
삽과 달리 쇠스랑이나 갈퀴처럼 갈고리 모양으로 된 도구를 사용하면 지렁이들이 잘리는 일을 방지할 수 있어요.

꿀벌들의 안식처

프랑스의 파리, 영국의 런던 같은 도시에서는 공공건물 옥상에 벌통을 설치하고 있어요. 도시는 평균 기온이 상대적으로 높고, 일 년 내내 꽃이 피어 있으며, 시골보다 농약을 훨씬 덜 사용하기 때문에 꿀벌들이 좋은 환경을 누릴 수 있다고 생각했거든요.

그런데 양봉가들은 이 생각에 반대하고 있어요. 도시에 사는 꿀벌들은 충분히 먹기 힘들고 (제라늄에는 꽃가루가 없잖아요!), 어쩌다가 꿀이 충분히 있는 꽃이 있다고 해도 그 안에는 매연이 잔뜩 들어 있을 테니까요.

도시에서 사는 건요

주택가 꿀벌들
인구 밀집 지역에서 꿀벌들이 가장 많이 모이는 곳은 절반은 집, 절반은 정원이에요.

베란다 정원
꿀벌들은 화분에 기르기 쉬운 허브들을 좋아해요. 타임, 로즈메리, 박하, 세이지, 캐모마일, 버베나, 오레가노 같은 것들 말이에요.

지렁이들의 지옥

많은 나라에서 도시가 넓어지면서 농사지을 땅이 건물들과 교차로, 주차장, 상업 시설, 도로 아래 묻히고 있어요. 이처럼 콘크리트로 뒤덮여 빗물이 전혀 통과할 수 없는 땅속에서는 살아 있는 생물을 거의 찾아볼 수 없어요. 특히 지렁이는 한 마리도 없지요!

물이 필요해!
시골보다 대체로 3~10도 정도 기온이 높은 도시는 서늘하고 습한 날씨를 좋아하는 지렁이들에게는 알맞지 않아요.

깨끗한 공기가 필요해!
큰 도로와 기차역, 철로가 있는 땅은 매연으로 오염되어 있어요.

꽃 폭탄
도시 곳곳의 작은 모퉁이들을 꿀벌들의 식량 저장 창고로 바꿀 수 있는 간단한 방법이 있어요. 진흙 가루 약간, 부식토 약간, 꽃 씨앗, 해충들을 쫓아내기 위한 후추 한 꼬집, 물 아주 조금을 준비하면 돼요. 이 재료들을 잘 섞고 반죽한 후 구슬처럼 동글동글하게 빚어요. 잘 말린 다음 빈 터나 공사장, 나무 아래 등에 던져 놓고 나서 느긋하게 기다리면 놀라운 일이 벌어질 거예요.

도시의 꿀벌들
프랑스 파리에는 집벌이 시골보다 세 배나 많다고 해요! 오페라 극장과 오르세 미술관 지붕, 뤽상부르 공원 등에 벌통이 700개가량 놓여 있답니다.

녹색 거짓말
자동차 제조업계 또는 콘크리트 생산업계와 같이 환경 오염을 많이 일으키는 산업 분야의 기업들이 친환경 이미지를 내세우기 위해 회사 건물 옥상에 벌통을 놓는 일이 가끔 있어요. 이러한 녹색 거짓말(그린 워싱)은 꿀벌 무리를 위험에 처하게 한답니다. 왜냐하면 제대로 먹이를 먹을 수 없고, 토종벌을 위협하는 외래종 벌이 들어오기도 하거든요.

오래된 오염 물질
어떤 지역의 땅에는 지난 수백 년 동안 수공업과 산업 활동이 만들어 낸 오염 물질이 잔뜩 쌓여 있어요. 금속, 기름, 탄화수소, 폐기물, 공사 잔해 등 지렁이들에게도 땅의 생명력에도 좋을 게 하나 없는 것들이지요.

석유가 섞인 인도
인도와 차도는 모래와 자갈, 검은 접착제인 타르, 석유 아스팔트를 섞어 만든 것으로 덮여 있어요. 생명체가 먹을 수 없을뿐더러 해롭답니다.

정원으로 피난 가기
프랑스에서 진행한 연구에 따르면 넓은 경작지보다 도시 속 정원에 지렁이들이 네 배나 많다고 해요.

소중한 수많은 곤충

줄무늬가 있는 곤충 한 마리가 달콤한 냄새를 맡고 피크닉 자리 위에서 붕붕거려요. 이 곤충은 무엇일까요? 꿀을 찾아다니는 일벌일까요? 아니면 집벌 또는 야생벌일까요? 그것도 아니면 꿀벌과 닮은 곤충들 중 하나일까요? 어떤 것이든 간에 황급히 팔을 휘저어 쫓지 말고 멜론 조각 위에 곤충이 내려앉도록 가만히 기다렸다가 관찰해 보아요.

꽃부니호박벌(서양뒤영벌)
학명 : 봄부스 테레스트리스(*Bombus terrestris*)
동그랗고 털이 난 수컷과 암컷 뒤영벌들은 작게 무리 지어 살며 꿀을 만들어 내요. 이 벌은 토마토의 귀중한 꽃가루 매개충이에요.

가위벌
학명 : 안티디움 마니카툼 (*Anthidium manicatum*)
잎을 오려서 애벌레의 집을 짓는다고 가위벌이라는 이름을 갖게 된 벌이에요. 이 벌은 사과가 열리는 데 크게 활약하는 소중한 꽃가루 매개충이랍니다.

호리꽃등에
학명 : 에피시르푸스 발테아투스(*Episyrphus balteatus*)
이 파리는(날개가 두 장뿐이에요) 줄무늬 옷을 입고 말벌로 변장해요. 전혀 위험하지 않은 꽃가루 매개충으로 매우 빠르게 날아다니지만 가끔 제자리 비행을 하지요.

사촌들을 소개할게요

여러 층에 사는 지렁이들

땅속에 사는 지렁이만 있는 게 아니라 땅 위에 사는 것도, 땅 위와 속을 왔다 갔다 하는 것도 있어요. 이렇게 사는 곳이 달라도 지렁이는 모두 땅을 비옥하게 해 주지요. 꽃이 핀 들판 1제곱미터에는 지렁이 400여 마리가 살고 있는데, 이들은 서로 다른 10여 종으로 이루어져 있어요. 땅 위부터 땅속 깊은 곳에 걸쳐 층을 이루고 살며, 사는 곳에 따라 습성도 조금씩 다르답니다.

땅 위
땅 위로 나온 지렁이들은 가느다랗고 분홍빛이나 붉은빛이 감돌며 몸 길이는 1~5센티미터 정도예요. 이들은 유기물과 썩은 식물들을 먹어요. 퇴비 더미나 썩은 나뭇잎 아래 숨어 사는 지렁이가 대표적이지요.

점박이땅벌
학명 : 베스풀라 불가리스(*Vespula vulgaris*)
샛노란색에 검은 줄무늬를 두른 점박이땅벌은 허리가 잘록하고 털은 없어요. 보통 육식을 즐기는 이 벌은 무리 지어 살기도 하고 홀로 살기도 해요.

말벌
학명 : 베스파 크라브로(*Vespa crabro*)
무리 지어 생활하는 벌 중 가장 몸집이 커요. 꿀벌들의 천적인 말벌은 주로 꽃꿀과 수액, 단맛을 가진 과일을 먹고 살아요. 또 나무껍질을 씹은 것으로 둥지를 짓는답니다.

사라져 가는 야생벌

야생벌은 대부분이 홀로 생활해요. 이들은 벌집도 꿀도 만들어 내지 않지만, 수많은 꽃의 꽃가루받이를 도맡아 한답니다.

야생벌은 먹이를 나누어 주어야 할 무리가 없기 때문에 몸통에 난 털로 꽃가루를 모아서 쉽게 퍼뜨리지요. 어떤 꽃이든 닥치는 대로 꿀을 빨아먹는 꿀벌과 달리 야생벌들은 단 하나의 식물과 그 꽃에 의존할 때가 많답니다.

야생벌들은 한 철을 사는데, 땅속이나 속이 빈 줄기에 지은 둥지에 알을 낳아요. 나뭇잎이나 꽃잎 조각을 모아 둥지를 직접 만들기도 하고요. 집벌과 마찬가지로 야생벌도 사람들이 화학 물질을 사용하고, 꽃과 들풀 등이 점점 사라지고 있는 탓에 개체 수가 많이 줄어들었어요.

땅 바로 아래층
몸길이가 10~15센티미터 정도이고 몸 색깔은 연회색이 감도는 분홍빛이에요. 땅속에 사는 이 지렁이는 주로 옆으로 땅굴을 파고 흙에 섞인 유기물을 먹지요. 실처럼 가늘고 긴 형태로 뿌리를 따라 사는 지렁이도 있고, 습한 곳에 실뭉치처럼 자리 잡고 물에서 유기성 입자를 빨아들이는 지렁이도 있어요.

오르락내리락하는 지렁이
이슬지렁이가 대표적이며 몸길이가 10~30센티미터 정도로 긴 편이에요. 몸 색깔은 붉은색과 연회색, 갈색을 띠지요. 땅 위에서 먹이를 집어다가 수직으로 난 통로를 통해 땅속 깊은 곳으로 가져가요.

이해하며 읽어요

❖ **꽃가루 매개충**
꽃가루받이가 이루어지도록 꽃가루를 나르는 역할을 하는 꿀벌, 꽃등에, 배추흰나비 따위의 곤충을 이르는 말입니다.

❖ **꽃가루받이**
식물의 수술에서 만들어진 꽃가루가 암술머리에 옮겨 붙는 것으로 수분이라고도 부릅니다. 꽃가루는 스스로 움직이지 못하므로 꿀벌·배추흰나비·꽃등에 같은 곤충과 동박새·직박구리 같은 새, 그리고 바람의 도움을 받아 꽃가루받이를 합니다. 꽃가루받이가 이루어져야 씨가 자라고 열매가 맺히게 됩니다.

❖ **균류**
스스로 영양분을 만들지 못해 썩은 동식물로부터 영양분을 얻어 살아가는 버섯류나 곰팡이, 효모와 같은 생물을 가리킵니다.

❖ **난기류**
방향과 속도가 불규칙한 공기 흐름을 말합니다. 원인으로는 소용돌이나 수직류 등이 있으며 항공기가 난기류를 만나면 흔들리게 됩니다. 도시의 고층 건물 사이에서 강하게 부는 소용돌이 바람은 쉽게 만날 수 있는 난기류의 하나입니다.

❖ **다지류**
곤충류, 거미류, 게·새우류, 지네류 등 절지동물 가운데 다리가 많은 종류를 가리킵니다. 몸통이 여러 마디로 되어 있으며 마디마다 다리가 1~2쌍 있습니다. 다지류는 대부분 습한 곳을 좋아하고 밤에 활동하는 야행성입니다.

❖ **몸마디(체절)**
곤충류, 거미류, 게·새우류, 지네류 등 절지동물과 지렁이와 거머리 등 환형동물의 몸을 이루는 마디입니다.

❖ **미네랄**
생체의 생리 기능에 필요한 광물성 영양소로 칼륨, 나트륨, 칼슘, 인, 철 따위가 있습니다.

❖ **미소 동물상**
현미경을 사용하여야만 볼 수 있는 0.2밀리미터보다 작은 생명체 집단으로 원생동물, 플랑크톤, 선충류가 여기에 속합니다. 동물상이란 특정 지역에 자라고 있는 모든 동물 종류를 이르는 말입니다.

❖ **밀랍**
꿀벌이 벌집을 만들 때 분비하는 누런색 고체 물질인데 열을 가하면 잘 녹습니다.

❖ **부식토**
동물 사체, 식물의 잎과 가지 등이 미생물의 작용으로 분해된 흙입니다. 식물에게 좋은 영양소가 될 뿐 아니라 흙이 잘 부스러지게 하여 좋은 토양 구조를 유지하는 데 매우 중요한 역할을 합니다. 비옥한 부식토는 검은색이나 진한 갈색을 띱니다.

❖ **분변토**
지렁이는 흙이나 음식 찌꺼기, 동물 배설물, 식물의 썩은 잎이나 가지 등을 자신의 몸무게보다 훨씬 많이 먹어 치우는데 그런 지렁이의 배설물을 분변토라고 합니다. 화학 비료나 농약을 쓰지 않고 흙을 기름지게 해 주는 분변토를 이용해 농사짓는 방법이 유기농입니다. 이렇게 흙을 먹는 지렁이의 배설물로 농사를 지으니 흙은 지렁이에 의해 끊임없이 순환되는 셈입니다.

❖ **분봉**
새 여왕벌이 나타나면 이전의 여왕벌이 일부 무리를 이끌고 새로운 집으로 옮겨 가는 것을 가리킵니다. 늦봄이나 초여름에 새로운 여왕벌이 나타나면 원래 여왕벌은 일벌 약 반 정도와 함께 집을 나

와 다른 곳에 집을 짓습니다. 집을 나온 벌들은 먼저 전에 살던 집 근처 나뭇가지 등에 공 모양의 덩어리를 만들어 뭉쳐 있습니다. 탐색하는 역할을 맡은 벌들이 이사 가기에 알맞은 장소를 찾아다니다 적당한 곳을 발견하면 무리로 돌아와 그 방향으로 춤을 춥니다. 그러면 다른 벌들도 그곳에 가서 살펴보고 마음에 들면 그 방향으로 춤을 추어 찬성한다는 표시를 하여 새로운 집이 됩니다.

❖ 성 성숙
새끼를 낳을 수 있는 상태에 이르는 것을 말합니다. 여기에는 시간이 걸리는 것은 물론 낮의 길이, 온도 등의 조건이 갖추어져야 하는 경우가 있습니다.

❖ 알레르기
우리 몸은 외부에서 세균이나 바이러스처럼 해로운 물질이 들어오면 자신을 보호하기 위해 면역 반응을 일으킵니다. 이 반응이 지나치거나 유해하지 않은 물질인데도 유해하다고 판단해서 병이 생기는 것이 알레르기입니다. 알레르기를 일으키는 대표적인 물질에는 꽃가루, 곰팡이, 달걀노른자, 견과류, 고양이 털 등이 있습니다. 1906년 오스트리아 소아과 의사 클레멘스 폰 피르케가 처음 사용한 말로 '변형된 것'이라는 의미를 가졌다고 합니다.

❖ 유기물(유기 물질)
동물, 식물, 미생물 같은 생명체가 만들어 낸 화합물입니다. 생명체가 몸을 구성하고 생활하는 데에, 그리고 생태계를 구성하는 데에 반드시 필요한 물질입니다. 우리 몸에 필요한 영양소인 탄수화물, 단백질, 지방, 비타민도 유기물입니다.

❖ 점액
동식물의 표피나 피부에 있는 점액샘에서 나오며 단백질과 당류가 들어 있는 끈끈한 액체입니다. 표면이 마르는 것을 방지하는 역할을 합니다.

❖ 탈바꿈(변태)
곤충의 경우, 알에서 부화하여 애벌레가 되고 생식 능력을 가지는 어른벌레로 변화하는 과정을 거치는데, 이렇게 성장 과정에서 형태를 바꾸는 것을 탈바꿈이라고 합니다. 알 → 애벌레 → 번데기 → 어른벌레 단계를 거치면 완전 탈바꿈이라고 하고, 알 → 애벌레 → 어른벌레 단계를 거치면 불완전 탈바꿈이라고 합니다.

❖ 페로몬
같은 종의 생물끼리 의사를 전달하기 위해 신호로 이용하는 매우 적은 양의 화학 물질이 페로몬입니다. 적의 존재를 무리에 알리는 경보 페로몬, 교미나 겨울을 나기 위해 무리가 모이도록 하는 집합 페로몬, 교미가 가능하다는 사실을 알리는 성적 페로몬, 먹이가 있는 곳이나 목적지로부터 집까지의 길에 남겨 다른 개체가 찾아오게 하는 도표 페로몬 등이 있으며 동물뿐 아니라 식물도 페로몬을 이용합니다.

❖ 프로폴리스
꿀벌이 여러 나무에서 모은 나무 분비물과 꽃가루, 꿀벌의 밀랍과 침을 이용해 만드는 것입니다. 프로폴리스는 '도시를 지킨다'는 뜻을 가졌는데, 꿀벌은 이것을 벌집 입구와 내면에 부착해 외부로부터 세균이 들어오는 것을 방지합니다.

❖ 하층토
지표(땅의 겉면)보다 아래에 있는 토양으로, 그다지 풍화 작용을 받지 않아 단단하고 부식물이 거의 없어 유기 물질이 적습니다.

옮긴이 이선민

이화여자대학교 불어불문학과와 동 대학교 통역번역대학원 한불 번역과를 졸업했고, 현재 번역 에이전시 엔터스코리아에서 번역가로 활동 중입니다. 옮긴 책으로는 《잊지 못할 여름방학》《사랑스러운 악동》《당나귀의 추억》《상어 뛰어넘기》《톰 소여의 모험》《우리 몸이 왜 이래요?》《물건은 어떻게 작동할까?》《나와 마주앉기》 등이 있어요.

감수자 권오길

생명 탐구에 평생을 바쳐 온 생물학자로서 현재 강원대학교 명예 교수입니다. 《꿈꾸는 달팽이》《생물의 세계》《지구는 어디든 동물원이야》 등 수십 권의 책을 지었어요. 쉽고 재미있는 과학을 알리는 데 노력한 공로를 인정받아 한국간행물윤리상 저작상, 대한민국 과학문화상 등을 수상했지요. 지금도 여전히 글쓰기와 방송, 강의, 신문 연재 등을 통해 재미있는 과학 이야기를 들려주고 있답니다.

꿀벌과 지렁이는 대단해

1판 1쇄 발행 2022년 2월 14일
1판 5쇄 발행 2023년 6월 1일

지은이 플로랑스 티나르
그림 뱅자맹 플루
옮긴이 이선민
감수 권오길

발행인 김기중
주간 신선영
편집 민성원, 백수연
마케팅 김신정, 김보미
경영지원 홍운선
펴낸곳 도서출판 더숲
주소 서울시 마포구 동교로 43-1 (04018)
전화 02-3141-8301
팩스 02-3141-8303
이메일 info@theforestbook.co.kr
페이스북·인스타그램 @theforestbook
출판신고 2009년 3월 30일 제2009-000062호

ISBN 979-11-90357-89-0 73470

※ 이 책은 도서출판 더숲이 저작권자와의 계약에 따라 발행한 것이므로 본사의 서면 허락 없이는 어떠한 형태나 수단으로도 이 책의 내용을 이용하지 못합니다.
※ 잘못된 책은 구입하신 곳에서 바꾸어 드립니다.
※ 책값은 뒤표지에 있습니다.

더숲 STEAM 시리즈

작지만 소중한 곤충들의 흥미진진한 삶과 비밀스러운 이야기

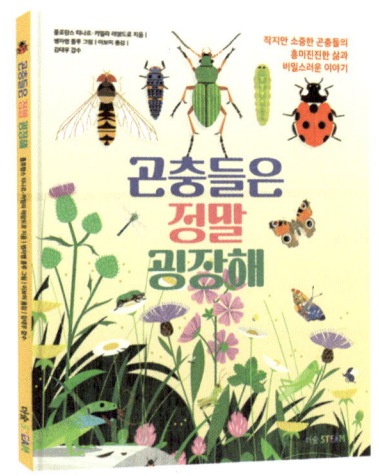

곤충들은 정말 굉장해

플로랑스 티나르 외 글 | 뱅자맹 플루 그림 | 이보미 옮김 | 김태우 감수 | 14,000원

동물 중 숫자가 가장 많은 생명체는 단연 곤충. 지구에서 더없이 소중한 그들은 어떻게 살아가고 어떤 굉장한 일을 하고 있을까?
생명의 다양성과 가치를 재미있는 이야기로 일깨워주는 과학그림책

AI 시대, 수리적·논리적 사고근육을 키우는 최신 두뇌 훈련

앨런 튜링과 함께하는
초등 수학 게임

앨런 튜링과 함께하는
초등 두뇌 게임

튜링재단 공식발행 퍼즐북

전국수학 교사모임 감수

튜링 재단·윌리엄 포터 지음 | 오현주 옮김 | 전국수학교사모임 감수

컴퓨터와 AI의 아버지 앨런 튜링의 재단에서 공식 출간한 퍼즐북입니다. 지루하고 전형적인 문제들이 아닌, 생각을 말랑말랑하게 해 주는 최신 문제들만 모았기에 아이들은 스스로 공부하는 즐거움에 빠져듭니다. 재미있는 문제들과 신나게 놀다 보면 어느새 모든 공부의 기초가 되는 수리력과 논리력, AI 시대에 꼭 필요한 창의융합 사고력과 문제 해결력을 기르게 됩니다.

각 권 12,000원

아침부터 저녁까지 생활 속 과학, 기술, 공학, 수학을 찾아다니는 STEM 수업

하루 동안 과학자 되어 보기
앤 루니 지음 | 댄 그림 | 서지희 옮김

하루 동안 기술자 되어 보기
낸시 딕맨 지음 | 알레한드로 그림 | 서지희 옮김

전국수학 교사모임 추천 도서

하루 동안 공학자 되어 보기
낸시 딕맨 지음 | 알레한드로 그림 | 서지희 옮김

하루 동안 수학자 되어 보기
앤 루니 지음 | 댄 그림 | 서지희 옮김

우리 아이들은 깨어나서 잠들 때까지 수많은 과학, 기술, 공학, 수학과 만납니다. 밤새 덮고 잔 이불, 아침에 먹은 맛있는 빵, 학교 갈 때 타고 간 자전거, 건널목의 신호등, 잠들기 전 몸을 씻은 욕조…. 여기에는 재미있고 신기한 원리가 숨어 있습니다. 이제 아이들은 스스로 과학자, 기술자, 공학자, 수학자가 되어 그 원리들을 발견하고 이해하고 실험하면서 탄탄한 응용력, 논리력, 문제 해결력을 습득하게 됩니다.

각 권 12,000원